LA DIOSA ERÓTICA

Cómo adueñarte de tu potencial sexual

Ilustraciones del capítulo "Placeres sexuales": VERÓNICA PALMIERI.

Viñetas del capítulo "Juegos y ayuditas": JORGE FANTONI.

ALESSANDRA RAMPOLLA

LA DIOSA ERÓTICA

Cómo adueñarte de tu potencial sexual

EDITORIAL SUDAMERICANA
BUENOS AIRES

Impreso en México

©Alessandra Rampolla, 2008

ISBN: 978-030-739-259-6

Este libro es para todas todas todas… las mujeres

Prólogo

Qué alegría participar de un hecho tan importante como la edición de un nuevo libro, y aun más si está escrito por "nuestra maestra particular de sexo", esta caribeña bonita y simpática que encuentra siempre la manera de hablar de lo que sea, con respeto, sin ruborizarnos ni escandalizarnos.

Alessandra ha llegado a nuestra vida para hacernos entender que tenemos el derecho de disfrutar del sexo y la obligación de terminar con el mito: ser linda, flaca y joven no son los únicos atributos para ser sensual y atractiva.

En este libro esta sexóloga genial nos ayuda a buscar esa diosa erótica que hay en cada una de nosotras. Si algo bueno ha traído el paso de los años es la desmitificación del sexo como algo malo o prohibido.

Que la mujer se plantee sentir placer y jugar con el erotismo son nuevos privilegios de estos tiempos.

Descubrirán aquí todas y cada una de las formas para convertirse en las dueñas de su propio erotismo, levantar la autoestima sexual y conocer cada palmo de su cuerpo hasta quererlo y valorarlo.

Alessandra nos propone abrir la mente a todo tipo de juegos

y fantasías, sin culpa, sin vergüenza, con la libertad y el derecho adquirido a probar las mieles del sexo y el erotismo, teniendo como único límite la voluntad.

No se lo pierdan, ¡se los recomiendo!

SUSANA GIMÉNEZ

Para comenzar...

En búsqueda del placer

Placer. El placer se define comúnmente como una sensación, sentimiento o experiencia agradable que genera disfrute, éxtasis o euforia. La experiencia placentera generalmente se vive a través de la música, la comida, la escritura, los logros y reconocimientos, el ejercicio, las artes, el servicio y, por supuesto, la sexualidad.

El placer también puede definirse, al menos dentro de ciertos contextos, como la reducción o la ausencia de dolor, tal y como lo proponía el filósofo griego Epicuro. Pero por otra parte, dentro del contexto erótico, el placer también puede incluir la experiencia física de sensaciones dolorosas, que pueden a su vez convertirse en placenteras. Tal es el caso de la experiencia física que viven aquellas personas que practican la sexualidad sadomasoquista.

Ciertos químicos que genera el cuerpo justamente estimulan nuestros centros cerebrales del placer. La dopamina, por ejemplo —la llamada sustancia del placer—, es un neurotransmisor, es decir, una de las sustancias que emiten las neuronas del cerebro con las cuales se le ordenan al resto del cuerpo todas las funciones que se realizan. La dopamina específicamente se produce en mayor cantidad cuando un hombre y una mujer experimentan deseos sexuales o una emoción intensa. Al aparecer grandes cantidades de dopamina en la sangre, se originan todas esas señales que revelan nuestra pasión: un estado de euforia y bienestar, el ritmo cardíaco acelerado y un aumento de la circulación sanguínea. Esta sustancia también está presente cuando sentimos el deseo de ingerir alimentos; es así que sus efectos tienen un motivo importante: asegurar nuestra supervivencia y la reproducción de nuestra especie. Ambas cosas que, como es sabido, nos provocan muchísimo placer.

Puede ser que la idea del placer te lleve a rememorar lugares, personas u ocasiones que te hayan provocado alegría. El placer puede tomar muchas formas, desde lo más cotidiano —como el rico olor de grama recién cortada, un suspiro bien sentido, o fijarse en un hermoso atardecer— hasta lo erótico, el placer sexual. Pero aun así, el placer se puede experimentar de diversas maneras. Incluye un variado espectro de sentimientos: simples satisfacciones e intensos placeres eróticos.

Sin embargo, creo que la mayoría de nosotros no vivimos tan placenteramente como podríamos… ni en nuestra vida cotidiana, ni en nuestra vida íntima. No se debe a que nuestra vida o nuestra intimidad sean malas, sino que simplemente tiene que ver con que casi todos hemos perdido la habilidad de experimentar placer.

La felicidad incluye destrezas para la vida cotidiana que pocas personas practicamos consistentemente. En vez de enorgullecernos por nuestros logros, tendemos a ser autocríticos. En vez de tener una visión positiva ante el futuro, nos pasamos imaginado todo lo malo que nos podría pasar. En vez de expresar el aprecio por nuestros seres queridos más frecuentemente, nos la pasamos subrayando sus fallas, con la esperanza de "ayudarlos" a ser mejores.

La verdad es que nuestra sociedad tiene una habilidad impresionante para disminuir el valor del placer. Pensamos en placer como una frivolidad, como un escape de la realidad que rara vez contiene valor propio. Sorprendentemente, no solemos hacer la conexión entre la vitalidad —aquella energía que proviene de sentirnos bien— y la voluntad de tomar y experimentar el placer de un momento a otro, a medida que se van presentando las experiencias. Como resultado, no logramos apreciar el rol tan significativo que el placer tiene en una vida realizada y, más específicamente, en poder mantener relaciones profundamente satisfactorias.

A pesar de que hoy en día tenemos cada vez más y más evidencia que demuestra que sentirnos bien nos hace bien, la ironía es que la mayor parte de las personas se cohíbe ante esas sensaciones de placer. Nos negamos el placer de muchas maneras. En parte, tiene que ver con que muchas personas tienen más práctica siendo negativos que teniendo una actitud positiva ante la vida. Ponte a prueba y fíjate en tu propio comportamiento habitual, para ver si es cierto o no que te pasas el día quejándote, lamentándote, negándote, discutiendo y diciendo que no (¡incluso a ti misma!) en vez de apreciando, disfrutando, relajándote, aceptando y diciendo que sí. Generalmente no son actitudes negativas conscientes las que nos impulsan, sino reacciones inconscientes basadas en el énfasis cultural que se le ha dado a la glorificación de poder sortear dificultades.

En la importante conexión entre el placer y la felicidad humana, lo que sí hace una gran diferencia es el nivel de entusiasmo, energía y deseo que pueda poseer una persona para obtener placer a partir de cosas cotidianas. Afortunadamente, y en la eterna búsqueda de la —a veces— efímera felicidad, podemos trabajar sobre el tema del placer, sobre todo en lo referido a nuestra actitud ante el placer, permitiéndonos vivir y experimentar situaciones placenteras.

Como seres humanos, nuestra capacidad de goce no es predeterminada. Nacemos con las herramientas necesarias para experimentar placer y siempre podemos potenciar y hacerlo crecer. En gran medida, es tan fácil y tan difícil como tomar la decisión de hacerlo. Tiene que haber una intención consciente para contrarrestar aquellas acciones inconscientes que nos llevan a alejarnos del placer.

En el momento en que nos permitimos libremente experimentar placer en lo sencillo y cotidiano —como cuando realmente disfrutamos de un lindo aroma o una hermosa vista—, entonces, y sólo entonces, podemos acercarnos a la posibilidad de realmente disfrutar de los placeres sexuales. El proceso se da paso a paso, y no podemos pretender llegar a dominar lo complejo sin haber antes logrado manejar lo sencillo. Los placeres sexuales son mucho más complejos porque de entrada se nos ha educado para evadirlos. Además, vivimos en una sociedad que tiñe la sexualidad con inmensa negatividad, mirando algo que es completamente natural como sucio, e incluso denigrante. Por lo tanto, como podrás imaginar, resulta un inmenso reto derribar esas barreras y dejarnos llevar por el placer erótico.

Esta difícil tarea es infinitamente importante. Sin ella, nuestra expresión sexual se reduce meramente a sus funciones biológicas y reproductivas, y no cumple con el cometido de acercarnos y conectarnos de manera multidimensional como seres humanos. El podernos perder en exquisito placer erótico y compartirlo con otra persona que también está experimentando algo similar es, en gran parte, lo que genera esa complicidad especial que tienen las parejas.

Como *diosas eróticas*, es menester salir en búsqueda de ese placer perdido o, tal vez, aún no encontrado. Esta búsqueda de placer es un llamado a la acción. A tomar las riendas de tu sexualidad, llenarte de poder y adueñarte plenamente de tu erotismo. A respirar profundamente. A relajarte. A estirarte. A entregarte. A confiar. A amar. A disfrutar. A sentirte vibrantemente sensual. A experimentar verdadera excitación sexual. A sentirte apasionadamente realizada. A convertirte… en esa *diosa erótica* que tienes dentro.

ACEPTACIÓN Y AUTOESTIMA SEXUAL

Seguramente sea muy difícil encontrar a alguien que **nunca** haya sentido inseguridad mostrándose desnuda frente a su pareja. Mucho tiene que ver la imagen corporal en las relaciones sexuales, pues tanto nuestra apariencia como la de nuestra pareja son las que, por lo general, despiertan inicialmente el deseo sexual. Si bien no es el único de los sentidos a través del que logramos excitarnos, generalmente a través de la vista y de la incorporación de imágenes al cerebro es como empieza el proceso de excitación.

En diferentes estudios realizados, se ha comprobado que los hombres responden más a la estimulación visual que las mujeres. Por lo tanto, no debe extrañarnos que nuestras parejas masculinas se deleiten tanto con la desnudez femenina. Sin embargo, a pesar de que los hombres tienden a responder enérgicamente a cualquier estimulación visual, me atrevería a decir que pocos critican la figura femenina tanto como lo hacemos nosotras mismas. Aun si una mujer está cargando varios kilitos de más o no tiene una figura "ideal", son pocos los hombres que perderían su tiempo analizando sus imperfecciones… en este tipo de situaciones, sus pensamientos suelen ser un tanto más primitivos y menos detallistas.

La verdad es que vivimos en una sociedad obsesionada por la apariencia física. Estamos acostumbrados a que se presenten en los medios de comunicación visuales (televisión, Internet, diarios y revistas), como promoción publicitaria, cuerpos perfectos o de medidas entendidas como perfectas, delgados, bien formados, bellos, rubios y de ojos claros. Somos permanentemente inducidos por la publicidad a pensar que la felicidad, la salud y el goce total en todos los aspectos de la vida se deben al poseer o alcanzar un cuerpo de determinadas características. Este condicionamiento mediático genera cierta psicosis y, en algunos casos, destruye la estima de aquellas personas que no son idénticas a la pauta publicitaria. Para que tengas una idea, el noventa por ciento o más de la población no reúne las "condiciones" publicitarias de perfección. A menudo, en nuestro afán por pretender alcanzar ese supuesto "ideal", no hacemos más que empezar a destruirnos.

La aceptación y la comodidad con tu propio cuerpo son sumamente importantes para el disfrute de tu sexualidad. Recuerda que tu cuerpo es tu vehículo, la herramienta con la que vas a poder compartir todo el placer y la intimidad que se asocia con hacer el amor. Mientras estés tratando de mantenerte acostada y estirada como Cleopatra para verte fabulosa en todo momento y que no se te asome ni un rollito, no estarás libre para moverte sensualmente y disfrutar de las caricias de tu pareja. Más importante aún, tu mente no estará enfocada donde debería... en el placer que se va provocando, en el erotismo que se está generando, en la intimidad que se vive, en el amor que se comparte... Si tu atención está dispersa, la respuesta sexual de tu cuerpo no será la misma.

El primer paso para sentirte cómoda al desnudo es aprender a apreciar y amar tu cuerpo tú misma. Lee atentamente las siguientes sugerencias:

- Cuando estés sola, desvístete y mírate frente a un espejo.
- Observa cada una de tus partes desde cada ángulo posible y conócete.
- Encuentra cosas positivas que asociar con cada partecita de tu cuerpo, aun si piensas que no es tu mejor cualidad. Cuando te detengas en cada parte de tu cuerpo, si te surgen pensamientos negativos, trata de positivizar dicha idea. Por ejemplo, al observar tus senos, en vez de pensar: "¡Cómo se han caído!", ese pensamiento podría sustituirse por: "¡Qué rico me hacen sentir cuando mi pareja me los acaricia!".
- Aventúrate a caminar desnuda dentro de tu casa o apartamento… de vez en cuando haz los quehaceres del hogar (lavar trastes, pasar la aspiradora, cocinar, etc.) sin nada de ropa.
- Normaliza la desnudez para ti misma antes de compartirla con otra persona.

Una vez que hayas logrado cierto nivel de comodidad propia, puedes poco a poco integrar esa libertad física en tus relaciones de pareja. Seguramente no te sientas cómoda prendiendo todas las luces habidas y por haber a la primera. Es posible que, incluso, no te parezca que esto proporcione un ambiente muy romántico, sensual o erótico. En todo caso, recomiendo que comiences teniendo relaciones bajo la luz de una vela en vez de bajo bombillas fluorescentes. La luz de las velas es mucho más tenue y favorecedora, lo que posiblemente te hará sentir más sexy y a gusto. Si te sientes sobreexpuesta una vez terminada la actividad sexual, cúbrete con alguna batita liviana y déjale saber a tu pareja que te sientes más sexy con ella puesta. Debes siempre ir a tu ritmo, manteniéndote cómodamente cubierta hasta que estés lista para dar el próximo paso y, eventualmente y si lo deseas, permitir que tu pareja disfrute por completo de tu desnudez.

La buena autoestima corporal es uno de los ingredientes clave para ser sexy. A tu pareja le fascinará verte cómoda contigo misma y que no tienes complejos, independientemente del tamaño o la forma de tu figura. Aceptándote en toda tu gloriosa desnudez para poder disfrutar cabalmente del sexo sin ningún tipo de vergüenza o inhibición física. Quiérete tal cual eres y enséñale lo que tienes, y ¡hazlo con orgullo!

Tu cuerpo

Cuando hablamos sobre el cuerpo femenino y su relación con el placer, casi siempre pensamos automáticamente en senos y genitalia. Sin embargo —y por fortuna—, el placer puede originarse prácticamente en cualquier parte del cuerpo, convirtiéndolo en un "gran lienzo" para el placer erótico.

Si queremos disfrutar plenamente de la actividad sexual es imprescindible que conozcamos amplia y detalladamente cada rinconcito de nuestro cuerpo. Desde aquellas áreas que al ser acariciadas típicamente nos producen sensaciones deliciosas, hasta el funcionamiento de aquellas otras que tal vez no conocemos muy bien. La adquisición de conocimiento sobre nuestro propio cuerpo nos ayuda a sentirnos más cómodas con él, aumenta nuestra autoestima sexual y genera la posibilidad de una buena comunicación con la pareja, puesto que podremos decirle qué partes tocar, exactamente cómo tocarlas y lo exquisito que se siente ser acariciadas.

En este capítulo, haremos un repaso de las zonas erógenas femeninas. Identificaremos aquellas partes del cuerpo que, al ser estimuladas, generalmente tienen la capacidad de producir escalofríos, provocar piel de gallina, aumentar nuestra temperatura y básicamente matarnos de placer. En especial, profundizaremos en la genitalia femenina y todas sus partes, de manera que podamos identificar qué es cada cosa, para qué sirve y cómo nos puede proporcionar el mayor placer.

En el mejor de los casos, esta información servirá como mapa de autoexploración. Mi recomendación es que primero nos estudiemos y nos conozcamos bien nosotras mismas, para luego poder compartir esos conocimientos con la pareja. En fin, el conocimiento de nuestra pareja sobre nuestro cuerpo y nuestra reacción a los distintos estímulos sólo sumará a las futuras experiencias eróticas compartidas.

CUERO CABELLUDO

Las caricias concentradas en el cabello y el cuero cabelludo pueden ayudar mucho a la relajación y a liberar tensiones —¿no te fascina esa sensación súper relax que se genera cuando te lavan el pelo en la peluquería?—, particularmente al comienzo de la relación sexual. La relajación es esencial para que se pueda generar buena tensión sexual en el cuerpo y para que el ciclo de respuesta sexual funcione adecuadamente. Un masajito craneal es una excelente manera para ir calentando los motores de la excitación.

OREJAS

El lóbulo de la oreja (los cuajitos, en buen boricua), la zona detrás de las orejas y el pabellón auricular aumentan en sensibilidad a medida que la persona va excitándose, y resultan muy sensibles a la estimulación oral como prólogo a la excitación. Es una de las zonas erógenas más populares.

OJOS

Besitos suaves sobre los ojos cerrados estimulan los nervios parasimpáticos de los párpados, produciendo una relajación que hace más sensible la relación sexual.

BOCA Y LENGUA

Por otra parte, no debemos olvidar la boca y la lengua como zonas de gran erotismo. La sensibilidad de los labios también aumenta con la excitación, volviéndose muy sensibles al roce y la caricia de otros labios. ¡Los besos no son sólo para comenzar la relación! Ayudan constantemente en los juegos previos. La lengua, que permite agregar a los juegos calor y humedad de alto contenido erótico, sola o combinada con labios y dedos, es normalmente el órgano que mejor estimulación provee a cualquier parte del cuerpo, como también una excelente receptora de sensaciones sexuales.

CUELLO Y HOMBROS

El cuello, particularmente la nuca, brinda deliciosos escalofríos al ser estimulado, ya sea de manera manual u oral. Las caricias en esta parte del cuerpo resultan, además, sumamente eróticas por el abandono que representa el dejar caer la cabeza para permitir las caricias.

ZONA AXILAR

La zona axilar y la cara interna del antebrazo son áreas en las que la estimulación manual suave puede resultar muy placentera. La zona axilar, en particular, requiere un cuidado muy especial, ¡atención con las cosquillas! Si nos excedemos, puede desvanecerse el deseo.

DEDOS

La receptividad nerviosa de los dedos permite sentir las texturas, formas y rugosidades de las cosas. Esta sensibilidad los convierte en uno de los mejores medios para estimular y explorar el cuerpo de la pareja. Muchas personas, además, disfrutan de la estimulación oral de los dedos, así como de la imagen visual erótica que se crea mientras la pareja coloca deditos propios o ajenos en su boca.

CINTURA Y CADERAS

Caricias suaves también son maravillosas para recorrer el costado, la cintura, y las caderas de la pareja. La estimulación que se produce suele ser de intensidad baja o media, pero al ser combinada con otras de mayor intensidad, provoca riquísimos resultados.

ESPALDA

A los lados de la columna vertebral tenemos una serie de nervios que pueden estimularse muy efectivamente manual u oralmente. Se recomienda que dicha estimulación sea subiendo y bajando a lo largo de la espina dorsal. La parte baja de la espalda, en particular, resulta especialmente sensible para muchas personas.

SENOS

Con independencia del tamaño de los senos, éstos son sumamente sensibles a todo tipo de estimulación, ya que se hallan repletos de terminaciones nerviosas. El pezón y la areola, en particular, son las partes más excitables del seno y responden muy favorablemente tanto a estimulaciones manuales como orales, de variante intensidad.

VIENTRE BAJO

Por su cercanía al área genital, el vientre bajo —espacio entre el ombligo y el Monte de Venus— resulta una zona muy sensible y erótica para acariciar. Una vez más, el tipo de caricia adecuada para generar sensaciones placenteras en una mujer es muy particular. Algunas prefieren caricias suaves, mientras que otras incluso disfrutan la sensación de que se presione un poco la zona.

MONTE DE VENUS

El Monte de Venus es como una almohadilla de tejido graso que protege el hueso púbico, y marca el comienzo geográfico oficial de la vulva. La vulva se extiende desde el Monte de Venus hasta la unión de los labios mayores en el perineo. El Monte de Venus generalmente está recubierto por vello púbico, contiene una alta concentración de terminaciones nerviosas, haciéndolo muy sensible a distintos tipos de caricias.

LABIOS MAYORES

Los labios mayores, o labios externos, son dos grandes pliegues de piel que suelen estar recubiertos de vello púbico y se prolongan desde el Monte de Venus hasta casi el perineo. Tienen la función de proteger a la vagina de infecciones, pero también son altamente sensibles. Cuando nos excitamos, los labios mayores se hinchan levemente, provocando mayor sensibilidad al área.

LABIOS MENORES

Utilizando suavemente los dedos, podemos separar los labios mayores y descubrir los labios menores. Estos dos pliegues de piel son menores en tamaño a los labios mayores y, estéticamente, representan la principal variedad entre una vulva y otra. Por ejemplo, algunos labios menores son flaquitos y otros mulliditos, algunos lisos y otros arrugaditos, algunos son largos y extienden incluso fuera de los labios mayores mientras que otros son cortitos, y algunos son simétricos versus otros asimétricos. Es también en los labios menores que vemos el mayor despliegue de variedad en la coloración de la vulva, en una gama que se extiende desde el rosado pálido hasta el negro. Es importante tener en cuenta que todas estas variantes estéticas son absolutamente normales y no influyen en la capacidad de placer que proveen estos labios.

Los labios menores responden muy favorablemente a caricias

suaves, haloncitos, estimulaciones orales y roces. Su zona más sensitiva se halla en su parte superior, donde ambos labios se unen justo debajo del clítoris formando el frenillo del clítoris. Para la gran mayoría de las mujeres, las caricias suaves y delicadas sobre el frenillo del clítoris proveen muy intensas sensaciones de placer.

CLÍTORIS

En la zona en que se unen los labios menores, en la parte superior, encontramos el clítoris, junto con su capuchón. El clítoris es un órgano sumamente sensible cuya única función es proporcionar placer sexual a la mujer… una verdadera joya. Para que se hagan una idea, el clítoris tiene más terminaciones nerviosas que el glande del pene y es derivado del mismo material embriónico, siendo el equivalente funcional del miembro masculino. El clítoris es, nada más y nada menos, la fuente principal de placer sexual en el cuerpo de la mujer. Aunque a simple vista es un órgano pequeño, el clítoris primordialmente tiene su estructura internamente, donde sus ramificaciones se extienden sobre la pared anterior de la vagina y alrededor de la uretra. Además, al excitarse prácticamente se duplica su tamaño interno, provocando así que se contraiga y achique el canal vaginal y, como consecuencia, se incremente el placer derivado de la penetración vaginal.

Al ser un órgano pequeño en tamaño con una altísima concentración de terminaciones nerviosas —resultando en una sensibilidad muy elevada—, el tipo de caricias preferidas por una mujer puede resultar muy variable. Algunas encuentran que la estimulación directa al clítoris es simplemente demasiado intensa; tanto así que acariciarlo puede resultarles incluso doloroso. Para otras, nada más delicioso que una caricia directa y continua sobre el clítoris. Para estas variantes en gustos y preferencias, el capuchón del clítoris resulta una herramienta muy provechosa, ya que puede halarse hacia atrás para descubrir el clítoris en su totalidad y llegar a esa caricia ultradirecta, o mantenerse cubriendo el clítoris para disminuir la intensidad de la sensación. Los labios menores también son grandes aliados de aquellas mujeres hipersensibles al clítoris, ya que con un simple haloncito se logra estimular indirectamente el clítoris.

Las caricias manuales son las más populares y las orales suelen ser las preferidas para el placer clitoridiano. Ambas se intensifican y provocan aun más placer cuando proveen humedad y lubricación al clítoris, cosa que sucede naturalmente en la estimulación oral. El roce y la frotación también tienen su cantidad significativa de seguidoras.

APERTURA URETRAL

Bajando desde el clítoris hacia la apertura de la vagina se encuentra el pequeño orificio por el que se expulsa la orina a través de la uretra, la apertura uretral. Muchas personas no saben que ésta también contiene interesantes terminaciones nerviosas que la hacen muy sensible al tacto. Sin embargo, su capacidad erótica generalmente se logra por medio de estimulación indirecta que se recibe al acariciar la vulva en su totalidad.

APERTURA VAGINAL

Justamente debajo de la apertura uretral hallamos la apertura vaginal, donde comienzan los genitales internos. La apertura vaginal es ampliamente reconocible por ser la única apertura en la vulva cuyo tamaño permitiría una penetración importante (dedos, pene, juguetes).

HIMEN

En la entrada de la vagina puede encontrarse el himen, una membrana culturalmente muy asociada a la virginidad, pero que en realidad no tiene nada que ver con ésta. Hago la salvedad de que "puede" encontrarse el himen, porque no todas las mujeres tienen himen. Algunas nacen sin él, mientras que en otras mujeres esta delicada membrana de tejido puede haberse desgarrado en algún momento de la niñez o adolescencia, previamente a su incursión en la actividad sexual en pareja, debido a algún movimiento brusco, ejercicios físicos o un golpe. Por lo tanto, habiendo tantas causas que expliquen por qué no siempre existe un himen intacto en cada mujer, no podemos asumir que la falta de éste significa que la mujer ha experimentado una penetración vaginal.

VAGINA

La vagina es una especie de conducto de paredes musculares; una cavidad de gran elasticidad. Por esta cavidad el cuerpo libera el sangrado menstrual, se penetra en una relación sexual tradicional y pasa un bebé en un parto natural. Cuando el cuerpo se excita, la vagina es la encargada de lubricar la vulva, en un proceso similar a la sudoración. Teniendo responsabilidades tan importantes como la lubricación y la posibilidad de la penetración, vemos cómo la vagina se convierte en una parte principal de la genitalia femenina.

Sin embargo, la vagina es prácticamente insensible. El placer derivado de su estimulación más bien proviene de su tercio externo, donde unas terminaciones sensitivas pueden provocar una gran excitación si se estimulan adecuadamente y, en una penetración, la sensación de llenura y la presión que se ejerce en el aparato genital femenino. Para tomar ventaja de las leves sensaciones que sí puede provocar la estimulación vaginal, es importante generar fricción con las paredes vaginales en ese tercio externo del canal vaginal. En el resto de la vagina, sin embargo, no hay este tipo de terminaciones nerviosas, por lo que es prácticamente insensible.

PUNTO G

El tejido vaginal, generalmente liso al tacto, cambia de textura cuando se produce estimulación al área conocida como Punto G. Éste se encuentra en la pared anterior, aproximadamente unos cinco centímetros dentro de la misma, y produce intensas sensaciones de placer para algunas mujeres. El Punto G no es la fuente principal de placer en el cuerpo femenino. Ese galardón ya se lo llevó el clítoris. Sin embargo, sí es una alternativa para el placer erótico de algunas mujeres.

GENITALIA INTERNA

Me parece importante que conozcamos nuestra genitalia en su totalidad, y aunque las partes que mencionaré a continuación no se pueden estimular en una relación erótica, sí forman parte del aparato genital. Así que, por mero conocimiento, les comento que al final del conducto vaginal, cerrando la vagina, está el cuello del útero, también denominado cérvix, y que sólo es visible con aparatos especiales. Luego continúa el útero, un órgano hueco situado sobre la vejiga urinaria y el recto. Las paredes del útero también son muy elásticas (en su interior nos desarrollamos durante los nueve meses de la gestación) y están recubiertas de una mucosa llamada endometrio, un tejido especial que permite el anidamiento del embrión cuando se ha fecundado un óvulo.

En los extremos superiores del útero, en la parte ancha, encontramos las trompas de Falopio, dos conductos muy finos, que llegan hasta los ovarios. La única función de las trompas es reproductiva: el óvulo caerá en ellas desde los ovarios y se encontrará allí con el espermatozoide. Una vez fecundado el óvulo, las trompas lo transportarán hasta el útero. Los ovarios se encuentran a ambos lados las trompas, y se asemejan en forma y tamaño a una almendra, dentro de los cuales hay miles de folículos. Cada mes, en mujeres en edad fértil, crecerá uno de estos folículos hasta la mitad del ciclo, momento en que se romperá para liberar al óvulo, proceso que se llama ovulación.

29

PERINEO

La zona que se extiende entre los genitales y el ano, mejor conocida como el perineo, es también un área de alta sensibilidad y erotismo. Resulta sensible tanto a caricias manuales como orales. Para algunas mujeres, la cercanía del perineo al ano trae consigo un componente psicológico de gran placer erótico puesto que el ano es, sin duda, el área de mayor tabú sexual en la genitalia.

ANO

El ano, a pesar de ser una zona socialmente "prohibida" en relación con la sexualidad humana, provee una excelente plataforma orgásmica al ser estimulado. Es una parte del cuerpo con una alta concentración de terminaciones nerviosas, haciéndola muy receptiva a todo tipo de caricias, tanto manuales como orales y de penetración.

NALGAS

Las pompis son muy sensibles al tacto y resultan una zona altamente erótica para muchas mujeres. Es una parte del cuerpo que, al ser bastante mullidita, puede fácilmente soportar no sólo caricias leves y suavecitas, sino algunas otras más intensas como apretones, mordiscos y nalgadas. El área sobre la base de la espina dorsal, donde comienzan las nalgas, y el pliegue donde justo las nalgas se conectan con los muslos son zonas particularmente sensibles a la estimulación erótica.

MUSLOS

La parte interna de los muslos, dada su cercanía a los genitales, resulta sumamente estimulante en los juegos sexuales.

PIES

Los pies, por otra parte, también suelen proveer gran placer al ser tocados, masajeados, besados, chupados o lamidos. Con ellos, al igual que con otras partes anteriormente mencionadas, es menester cuidarnos de las cosquillas.

PIEL

En esencia, cualquier parte del cuerpo que está cubierta de piel tiene el potencial de convertirse en una zona erógena, ya que la piel completa se halla colmada de terminaciones nerviosas que responden muy favorablemente a caricias, masajes, succión, besos, texturas y temperaturas variantes. Si a esa estimulación se le agrega el componente psicológico de una situación erótica y excitante, aumenta aun más el potencial que tiene nuestro cuerpo de hacernos experimentar deliciosas y vibrantes sensaciones.

1. La primera vez que estés intimando con tu pareja, descríbele lo que estás haciendo con tus manos y tu boca mientras lo haces...

2. ¡Acaricia los pies de tu amado! Los pies están repletos de terminaciones nerviosas y acariciarlos es tan erótico como relajante.

3. Sorprende a tu pareja afeitando o depilando tu vello púbico... le encantará sentirte toda suavecita.

4. No olvides los placeres sensuales más sencillos. Algo simple como peinarlo (con tus manos o con un cepillo) puede parecerles maravilloso a ambos.

5. Para una manera más sensual y sexy de dar masajes trata de acariciar la piel de tu pareja lo más suavecito posible, ¡casi sin tocarlo! Ya verás los escalofríos que le provocas.

6. ¿Por qué no sales de la rutina e intentas tener sexo en un sitio inesperado? La variedad hace maravillas para tener alto el deseo sexual.

7. ¡Mantén tus ojos abiertos! Intenta mirarle a los ojos durante el orgasmo, puede ser más difícil de lo que piensas.

8. ¡Ten un encuentro fugaz! No siempre debemos tener relaciones sexuales maratónicas. De vez en cuando, un "rapidito" es mejor.

9. ¿Sabías que tener un orgasmo es un tratamiento de belleza intenso? El orgasmo aumenta la circulación, dando luminosidad a tu piel.

10. ¡Atrévete a fantasear! Una imaginación fértil siempre mejorará la experiencia sexual...

11. A veces, el tan sólo *mirar* puede ser un fuerte afrodisíaco.

EL CONOCIMIENTO ES PODER

———❖———

Descubre tus placeres sensuales

Muy a menudo confundimos los conceptos de *sensualidad* y *sexualidad*. Una experiencia sensual no es necesariamente erótica ni sexual. Sin embargo, las mejores experiencias sexuales son aquellas que, a su vez, son sensuales; o sea, que dan protagonismo a estímulos sensoriales. La sensualidad sexy tiene que ver con aquellas acciones por medio de las cuales se estimulan los sentidos provocando excitación o generando placer a través de alguno de ellos. El concepto de que la experiencia erótica sexual se vea grandemente fortalecida al ser también sensual requiere que prestes especial atención y que te enfoques en el placer que puedes obtener de determinados sentidos. Verás que es la manera más fácil de impartir variedad a la relación sexual en pareja. Para romper la rutina y mantener la cosa *fresh* lo mejor que puedes hacer es variar la intensidad o variar el enfoque a través de una experiencia sensual erótica. Estarás pensando "OK, Alessandra… suena todo muy bonito, pero, ¿cómo lo hago?". Te diría que pienses en tus cinco sentidos y que te hagas la siguiente pregunta: ¿de qué manera puedo estimular mis sentidos para que éstos me ayuden a generar nuevas, variadas y enriquecedoras experiencias eróticas? A ver, ¿se te ocurre algo? Comencemos por revisar cada uno de tus sentidos…

Sentido visual

El sentido visual se caracteriza por su hipersensibilidad a cualquier estímulo agradable que reciba. Mirar un cuerpo desnudo o semidesnudo erotiza muchísimo. Es por eso que el uso de lencería históricamente ha sido una herramienta súper favorable para la seducción. Esto es especialmente cierto en el caso de los hombres, ya que la lencería femenina está mucho más desarrollada que la masculina y a ellos les excita muchísimo todo aquello que entra por los ojos.

El material pornográfico visual, por otra parte, es una industria inmensa en la que el hombre corre con una gran ventaja, puesto que este mercado también está predominantemente dirigido a él. Para que tengas una idea, la industria pornográfica está orientada a representar fantasías masculinas en sus imágenes en un noventa por ciento. ¡Eso nos deja sólo un diez por ciento de alternativas visualmente estimulantes para las chicas! Más allá de la falta de material pornográfico producido expresamente con nuestra excitación en mente, muchas mujeres rechazan de entrada la pornografía dura y explícita, optando por versiones "soft" que provean algún tipo de contexto como marco para el erotismo. Afortunadamente —aunque pocas— sí existen producciones eróticas dirigidas hacia la mujer, entre las que se destacan las películas de la ex estrella del cine porno Candida Royalle, y las producidas por "House O'Chicks". Éstas representan de una manera más cabal no sólo las típicas fantasías femeninas, sino también el placer femenino en todo su esplendor. En términos generales, las escenas explícitas de una típica película porno se concentran mucho en la penetración sin estimulación del clítoris. ¡Horror! Además, no suelen tomar en cuenta las particularidades del ciclo de respuesta sexual. Por ejemplo, en las películas pornográficas tradicionales, las mujeres se excitan y comienzan a jadear en 2.6 segundos o menos… ¡y todas sabemos que en la vida real nuestra respuesta sexual no se maneja en esos tiempos! Además, el tema orgásmico también se acelera para el beneficio masculino. En fin, nada que ver con nuestra realidad sexual, y de ahí que tantas mujeres no logren identificarse con este tipo de material pornográfico. Ojo, no se trata de que no tengamos la capacidad de excitarnos por la vía visual, pero sí de que busquemos erotizarnos visualmente por medio de películas que se caractericen por ubicar la historia en un contexto vincular determinado, donde abunde la sensualidad, la seducción, y el placer femenino. Todo esto despierta nuestro interés, nuestra imaginación, nuestra identificación, nuestro deseo, nuestra excitación y, por supuesto, nuestro placer.

El estímulo visual sirve de herramienta o soporte en la actividad sexual. En cualquier momento del acto sexual se pueden incluir estímulos visuales adicionales. Digo adicionales porque la visión de los cuerpos desnudos ya tiene una carga erótica de peso. Otros condimentos divertidos pueden ser: tener sexo frente a un espejo viendo reflejada la escena y excitándonos con esa imagen. Esto sería, sin duda alguna, una linda estimulación visual para muchas. Recuerda que mirar puede ser un fuerte afrodisíaco, y para esto, ¡puedes utilizar la tecnología moderna! ¿Alguna vez has pensado que sería excitante filmar la escena mientras sostienes relaciones con tu pareja? Al sentirte observada cuando te grabas la estimulación es doble, la de ser mirada a través de la presencia del lente y, por supuesto, la posibilidad de luego poder verte en plena acción.

También hay fuertes estímulos visuales que resultan muy sencillos, como variar la iluminación al momento de intimar. Piensa en la lamparita que seguramente tienes sobre tu mesa de noche. ¿Cómo crees que resultaría la cosa si de repente le cambias la bombillita por una de color? ¡Como por arte de magia una bombilla roja te puede transportar a un burdel! Sustituyes la bombilla por una azul y ¡zas!, ahora estás congelándote en un iglú, con muchas ganas de que te calienten un poquito... ¿Le agarras la onda? Al cambiar un poco la ambientación, se abre la posibilidad de que despiertes diversas fantasías que te transportan a nuevas experiencias. Piénsalo bien: no es lo mismo tener relaciones eróticas bajo la brillante luz de una bombilla halógena que bajo la tenue, cálida y sexy iluminación de una velita.

La idea es poder introducir variantes que estimulen un sentido en particular, de manera que cambie el enfoque habitual y se puedan crear nuevas vivencias eróticas, combatiendo así la rutina y haciendo de la experiencia algo verdaderamente sensual.

No lo hagas todo a la vez... elige un pequeño cambio y alterna de vez en cuando. El día que prendas la bombillita roja y te traslades al burdel de la alegría, posiblemente se genere una situación que resulte más "hot" y "kinky" que de costumbre... pero la semana entrante, cuando llenes tu habitación de velas, tal vez la experiencia se torne un tanto más romanticona. Luego, si te atreves, la próxima semana te animas a prender la cámara de video, y abres la puerta a todo un nuevo mundo de placer...

El olfato

El olfato es uno de los sentidos más importantes, más ricos y, desafortunadamente, más olvidado. La gente responde mucho y muy bien a los estímulos olfativos. Determinadas fragancias pueden llevarte a recordar momentos; te transportan, te permiten viajar con tu fantasía, con tu cabeza... Todos asociamos olores con ciertos momentos, personas o lugares. Es por eso que este sentido tiene una fuerza muy grande y muy provocadora. El olfato provee una erotización muy intensa. Por ese motivo los perfumes funcionan tan bien. Hay esencias que tradicionalmente se incluyen en las mezclas de casi todas las fragancias, porque se sabe que despiertan algo en el otro.

Enfocar la relación sexual en torno a algún olor puede ser súper interesante. Las fragancias pueden ir variando: se pueden usar velas o aceites aromáticos, determinados perfumes, inciensos de todo tipo… y, por supuesto, no te olvides de prestar especial atención a los olores naturales del cuerpo tu pareja. Si no estás pensando conscientemente en el aroma de tu pareja y no te concentras en eso, ¡puede que no lo registres! Pero si respiras intencionalmente podrás percibir y disfrutar de su olorcito, porque cada persona tiene el suyo, personal y muy particular; y esto es súper erótico para un momento de intimidad porque realmente respirar y saber que uno está con determinada persona puede ser excitante por todo lo que eso pueda representar para ti.

El olor a sexo también es súper estimulante: el olor a pene, a secreciones, a testículos, a vulva… son olores que tienen una peculiaridad muy interesante y para muchas personas resultan fuertemente afrodisíacos. Así que, chica, teniendo esta idea TAN clara, ¡no dejes de estimular tu olfato!

El tacto

Vaya si este sentido es importante. Aquí entran en juego las caricias, los roces, los masajes… Para mí, el tacto es indudablemente uno de los más deliciosos. Dentro de la relación sexual, para impartir variedad y prestar especial atención a la estimulación táctil, habitualmente recomiento el juego de temperaturas. ¿Cómo? ¡Hay que usar la imaginación! Un hielito que recorre el cuerpo, tomar algo calentito para luego buscar la boca del otro (o alguna parte interesante de su cuerpo), de repente dejar caer cera caliente sobre su cuerpo… todo esto funciona de maravilla. Te pone en un contexto sensual supremamente erótico.

Para dar rienda suelta a nuestra imaginación respecto a cómo estimular mejor nuestro sentido del tacto, les doy un ejercicio que me encanta proponer para hacer de a dos: en este juego una persona da y la otra recibe. El que recibe debe tener los ojos vendados, pues cuando suprimimos el sentido visual todos los demás afloran con más fuerza. La persona que va a otorgar el placer se va de gira por la casa buscando elementos con distintos tipos de textura. Puede tratarse de algo laminado, de repente algo de encaje o un cepillo de pelo que raspe un poquito, algo muy suavecito, un cucharón de metal (liso, fuerte y conductor de temperatura), una pluma… en fin, tu creatividad pautará el límite. La idea es comenzar a acariciar a tu pareja sin que él o ella sepa con qué lo harás para generar distintos tipos de sensaciones. Este ejercicio traerá dos respuestas: primero provoca expectativa (esencial para mantenernos interesados en la experiencia erótica) y segundo, produce sensaciones lindas para ambos al ver cómo el que recibe responde a distintos tipos de caricia. Estas caricias pueden ser suaves, sutiles, firmes, duras, rápidas, lentas, secas, mojadas o ardientes. Verás que todas estas distintas sensaciones táctiles modifican por completo la actividad sexual. Y, por lo tanto, está buenísimo incorporarlas. ¡Disfrútalas!

Sentido auditivo

Los sonidos también pueden provocar muchísimo erotismo y, a su vez, impartir gran variedad a la actividad sexual. Piénsalo un poquito… un linda musiquita de fondo en cualquier actividad sexual suma mucho al clima. Ya sea música romántica, erótica, un rock duro para una velada más subidita de tono; su elección depende del tipo de experiencia que tienes ganas de tener y del tipo de persona que eres. Música al estilo de Enigma, con ritmos de percusión repetitivos que simulan incluso los latidos del corazón, sin duda da pie a la excitación y el erotismo. Por otra parte, alguna cancioncita romántica tiñe de manera MUY distinta la experiencia sexual. La música tiene la capacidad de generar distintos climas, llevándote de uno a otro con mucha facilidad. Todo depende de aquello que en determinado momento estés buscando.

Además de la música que, como ya mencionamos, puede ayudar muchísimo en la variedad de tu experiencia sexual, los gemidos también son súper importantes. Aunque parezca extraño, la verdad es que a muchas personas les avergüenza expresar su placer mediante gemidos. Tal vez te sientas, incluso, un poco tonta al gemir… pero debes siempre pensar que estas expresiones funcionan para ambas personas: para ti que gimes porque tienes un propio registro de lo que estás experimentando y para tu pareja porque tiene un registro de lo que tú estás disfrutando. En resumidas cuentas, el gemido excita. Tantos los tuyos como los de tu pareja. Aun en la masturbación: no es lo mismo una masturbación mudita que una vuelta libre y loca a consecuencia de tus gemidos. Con banda sonora todo es otra cosa… Recuérdalo. Escuchar los sonidos del sexo es afrodisíaco.

Y por último, las palabras. Éstas, tal y como la música, dependerán del tipo de relación sexual que quieras llevar a cabo. Para una relación sexual romántica las palabras de amor resultan muy afrodisíacas. En cambio, cuando se tiene una experiencia un tanto más hot y lanzada, palabritas mucho menos elegantes de repente caen muy bien. Podrías, incluso, ir contándole paso a paso, y de manera muy explícitamente descriptiva, cada cosita que le estás haciendo.

El compartir y verbalizar fantasías también es importante durante una relación sexual. Mientras tienes relaciones incluso puedes ir creando una fantasía, un cuentito, y se lo vas susurrando a tu pareja, así le estás dando una película para que imagine en su cabeza y se transporten a otro lugar. De pronto ambos pierden el tren, se miran, la pasión los consume… en fin, se trata de verbalizar minificciones. ¡Deja volar tu fantasía y tu imaginación!

Gusto

¿Se te había ocurrido que el gusto no es sólo para que disfrutes durante las comidas? Agrega a tus relaciones sexuales algo que le dé un lindo y distinto gustito. Puede ser algún alimento, como la clásica crema batida, el sirope de chocolate o un bañito de champagne. ¿Embarre total? ¡Seguramente! Pero yo le añadiría DIVERTIDO a esta definición.

Acá también se hace muy entretenido experimentar con aceites o lubricantes saborizados, así como todo tipo de juguetes con diferentes sabores que puedes encontrar en un sex shop (piensa en las tanguitas de dulce o esas que se te derriten en la boca…), todos diseñados para enaltecer tu experiencia sexual por medio de la estimulación de tu sentido del gusto.

A ver, les pregunto… más allá de las maneras tradicionales que ya mencionamos para estimular el sentido del gusto, ¿de qué otra forma podemos hacerlo? Hmmm… a mí se me ocurre que puede resultar súper interesante no tanto lo que se pueda traer de afuera, sino el verdadero disfrute que genera el probar a la pareja. El sabor de su pene, de su semen preeyaculatorio, de tus secreciones vaginales, de su semen, incluso del sabor de la piel… todos, cuando nos enfocamos en ellos, son capaces de erotizar más la relación íntima. Si te enfocas en lo que estás saboreando, todo será más rico. Pruébalo y verás…

El sexto sentido: la imaginación

Todas estas ideas que venimos comentando pueden servirte para potenciar nuestro sexto sentido: ¡la imaginación! El ser humano necesita la variedad y el cambio para mantenerse interesado, para despertar su deseo, evolucionar y, básicamente, para no aburrirse. Si no fantaseamos, si no hacemos uso del famoso "cerebrito", de nuestra creatividad y nuestro ingenio, no tendremos deseo sexual… y sin deseo, no hay acción. La imaginación y los pensamientos eróticos nos ayudan a ser más ingeniosos a la hora del sexo y nos alejan de la posibilidad de caer en la rutina. Dale rienda suelta a tu mente, y verás cómo tu sexto sentido te llevará a tener un mejor y mucho más placentero manejo de tu sexualidad.

FANTÁSTICAS FANTASÍAS

La mente es muy poderosa y el sexo, en gran parte, se realiza justamente ahí: en nuestro cerebro, donde la fantasía sexual nos sirve como el más intenso de los afrodisíacos.

Todos fantaseamos, ya sea consciente o inconscientemente; se trata de un comportamiento completamente normal para los humanos. Como definición oficial, podemos decir que la fantasía sexual es la imagen mental que podemos crear respecto a una persona, objeto o situación que puede provocarnos excitación sexual. Estas ideas o pensamientos creados pueden ser originales o tomados de experiencias pasadas. A menudo, sin embargo, se trata de una combinación de ambas.

La fantasía sexual juega un rol muy importante en la expresión y satisfacción sexual del ser humano. Cabe señalar que justamente como consecuencia de nuestras fantasías —el afamado "cerebrito"— es que el deseo o impulso sexual se desencadena. Está clínicamente comprobado que aquellas personas que se permiten fantasear libremente y que disfrutan de sus fantasías sexuales gozan de una libido saludable. Por otra parte, la fantasía permite variedad infinita en la experiencia sexual, puesto que ésta se ve limitada únicamente por la capacidad imaginativa que tiene cada persona.

El pensamiento erótico, o la fantasía sexual, puede manifestarse de diversas maneras. Casi siempre pensamos que tiene que ser algo súper salvaje y estrambótico, pero la verdad es que las fantasías se experimentan desde una gran variedad de perspectivas. Siempre y cuando el pensamiento te provoque placer y/o deseo sexual, puedes considerarlo erótico. Para darte un ejemplo, te voy a contar el pensamiento erótico que considero mi primera verdadera fantasía. Destape total de Alessandra para tu beneficio. Fue el día en que me dieron aquel tan esperado y ansiado primer beso. Tenía doce años y había ido al cine con mi "novio" (¡qué titulón para la edad, ¿no les parece?!). Recuerdo como si fuera hoy que fuimos a los cines "de abajo" de Plaza Las Américas, y allí en la oscuridad del teatro se dio el gran evento. Un desastre técnico, pero una verdadera delicia a la vez. Cuando llegué a mi casa (como a eso de las nueve de la noche porque sólo me dejaban ir a la tanda de las siete), me tiré sobre la cama en un estado medio catatónico y me quedé mirando el techo y recordando el gran acontecimiento del día. Los labios me latían todavía, y cuando cerraba los ojos y recordaba la sensación deliciosa de haber sido besada, juro que era como vivirlo otra vez. ESO es una fantasía. Temática medio bobita, pero fuente provocadora de inspiración y placer a la vez. Cuando pensamos en cosas que nos provocan placer, nos dan ganas de vivir ese placer. Créeme que inspirada por mi recuerdo de aquel beso, la motivación de repetir, practicar, perfeccionar y plenamente disfrutar de más besos fue algo fuera de serie.

La fantasía sexual podría considerarse sinónimo de absoluta libertad porque en su mundo, sencillamente ,¡no hay reglas! Por fortuna, todavía no se ha inventado ningún tipo de aparato que pueda leer la mente, por lo que somos libres de inventar las situaciones más impensables, insólitas y excitantes que podamos imaginar. La fantasía sexual otorga absoluto control a la persona. En ese preciso momento, quien fantasea es el director de una película y la escena final de esa peli es perfecta. Allí no existe la celulitis, los calambres, ni los dolores, ¡ni los malos olores!… ¡todos desaparecen como por arte de magia! En las fantasías nuestras parejas saben exactamente cómo, cuándo y de qué manera deben tocarnos, besarnos, hablarnos, acariciarnos, chuparnos y, en ocasiones, hasta mordernos para provocar los más altos niveles de excitación y placer… porque precisamente somos nosotros mismos quienes estamos dirigiendo el espectáculo. Maravilloso, ¿no te parece?

Existiendo esta absoluta libertad de pensamiento y total seguridad de que tus fantasías son privadas (hasta tanto, claro está, no decidas contárselas a alguien), suele darse el caso de que puedan salirse rápidamente de los parámetros de lo que constituye un comportamiento sexual aceptado en nuestra sociedad. Ten en cuenta entonces que nuestros pensamientos no nos definen. No nos hacen personas denigrantes, perversas, sucias ni malas. El fantasear sobre alguna práctica sexual en particular no quiere decir que realmente deseas experimentar ese comportamiento, ni que disfrutarías del comportamiento en la vida real.

Muchas personas experimentan sentimientos de culpabilidad como consecuencia de sus propias fantasías sexuales. Estos sentimientos suelen surgir debido a enseñanzas religiosas o mensajes sociales que definen el sexo y, sobre todo el placer sexual, como algo "sucio". También puede darse el caso de que el sentimiento de culpabilidad se relacione con la fantasía en particular. Por ejemplo, si la fantasía incluye comportamientos que la persona define como incorrectos o inmorales —como en el caso de una fantasía donde se es infiel, o que incluye comportamientos homosexuales— puede sentirse culpabilidad o incomodidad. La clave está en decidir que sí se puede disfrutar de una fantasía y que ésta se quede sólo ahí, en fantasía, y que este pensamiento no constituye infidelidad ni homosexualidad, refiriéndonos al ejemplo ya presentado.

Es más usual que queramos mantener las fantasías en nuestra imaginación que busquemos hacerlas realidad. En la vida real, tener sexo en un lugar público puede generarte ansiedad y, como consecuencia, un mal funcionamiento sexual; la exposición a un posible arresto, por ejemplo, puede torcer la fantasía en pesadilla. En cambio, dentro del terreno de la fantasía puedes llegar a experimentar el sexo más explosivo de tu vida. O sea, un tipo de situación que seguramente quieras evitar en vida real, puede ser lograda fantásticamente a través de tus fantasías.

Sin embargo, a pesar de que la fantasía suele manejarse como un comportamiento individual, también vemos parejas que deciden hacer realidad algunas que comparten. En estos casos, es muy importante que se tengan en cuenta las expectativas creadas respecto a la fantasía en la vida real. Jamás será lo mismo lo fantaseado a lo vivido. También hay que pensar bien en el tipo de fantasía que estamos trabajando, si es algo que se sale drásticamente de los parámetros aceptados socialmente o si tal vez requiere del consentimiento de una o más personas para su realización. Otro punto muy importante a saber es que, una vez llevada a la realidad, la fantasía suele perder su carga erótica. Como la realidad nunca será igual a la fantasía, ésta tiende a perder su magia.

Hoy en día, los avances tecnológicos han contribuido mucho a que se desarrollen nuevas maneras de estimular las fantasías. Las computadoras y el acceso a la red de Internet proveen un extenso intercambio de material pornográfico y comunicación interactiva para compartir fantasías. Son nuevas maneras de que tanto hombres como mujeres expresen su creatividad sexual de manera segura y anónima. Generalmente vemos una tendencia de parte de los hombres a utilizar material explícito como parte de sus fantasías —fotos, películas, etc.— mientras que las mujeres tienden a preferir una erótica más tenue, como en la lectura, donde se utiliza aun más el factor imaginativo y romántico para despertar la excitación sexual.

Y como las fantasías están ahí bien dispuestas para lo que sea, siempre es un buen antídoto para la vida sexual. Y es que muchas personas olvidan que la manera más eficiente de mantenernos interesadas, creativas y enganchadas con el sexo a largo plazo es precisamente pensando en él. El pensamiento erótico despierta el deseo, y ya sabemos que cuando tenemos ganas, nos ponemos creativas… y cuando estamos con la musa al máximo no hay espacio para el aburrimiento.

La fantasía erótica puede trabajarse mediante recuerdos de la vida propia, deseos o anhelos reales, o ideas provenientes de otros medios, como serían películas o lecturas. Para nosotras las mujeres en particular, la lectura erótica es una fuente maravillosa de información de la que podemos sacar temas para ir expandiendo nuestro repertorio. Para que tengas una idea, te recomiendo que leas alguno de los libros de Nancy Friday (*Women on Top*, *Forbidden Flowers* o *My Secret Garden*) para que veas ejemplos de lo que constituye una fantasía sexual para otras mujeres. Por una parte, es muy posible que te identifiques con algunas de las temáticas allí presentadas, y por otra, puede que de repente algún tema o algún cuentito, de manera inesperada, te parezca maravillosamente sexy.

Hasta aquí tenemos una parte de lo que busco desatar en tu mente. Claro, podemos permitirnos pensar en y disfrutar de pensamientos eróticos. Pero, ¿cómo integrarlos a la relación de pareja? ¿Qué pasa cuando no me atrevo a compartir mi brillante ocurrencia con mi pareja? Las fantasías son tan particulares, a veces tan extrañas y a menudo tan privadas para uno, que es realmente difícil compartirlas con otra persona sin miedo a ser juzgado por ellas. No es que sea necesario compartir fantasías en pareja, ni que el otro tenga que enterarse de todos esos pensamientos *kinky* que te vienen a la mente. Pero recuerda que la creatividad que fluya por tu mente puedes usarla para sacarle provecho a tu disfrute sexual e impartir variedad a tu relación de pareja. Y así, ¡matas dos pájaros de un tiro!

Con este fin, te voy a recomendar un ejercicio que sería genial para poner en práctica, primero de manera individual, y luego en pareja. Se trata de escribir una fantasía sexual. A solas, siéntate a volcar en un papel la descripción completa de aquella situación o práctica que crees tiene la capacidad de ponerte los pelos de punta. Sé muy clara y específica en tus descripciones, y usa lenguaje que te parezca erótico cuando así lo requiera tu relato. Ve recopilando historietas y acostumbrándote a verbalizar —aunque no sea en voz alta todavía— tus fantasías.

El próximo paso es convertir esto en un juego de a dos. Si tu pareja es una persona tímida y crees que se le hará difícil entrar de lleno a la exploración de fantasías, entonces puedes recomendarle que, al igual que tú, comience a entrenarse a solas. Una vez que ambos se sientan cómodos, puede comenzar la diversión literaria. Escriban una fantasía en conjunto. Elijan quién va a comenzar y donde esa persona deje la historia, la toma el otro para continuar y darle su giro. Y así sucesivamente. Al final, van a tener una historia donde se mezclan ideas eróticas de ambos. Así tienen un foro más cómodo en el que compartir sugerencias que tal vez en algún momento quieran poner en práctica, o que simplemente pueden verbalizar para irse en un viaje de imaginación erótica compartida. Te aseguro que el ejercicio será súper divertido y te reirás muchísimo con tu pareja. Y la risa, amiga mía, es un gran afrodisíaco.

Finalmente, te recuerdo que no importa el vehículo que utilices para despertar tu imaginación sexual, recuerda siempre que tu creatividad no tiene límites y que, por lo tanto, la variedad sexual que podrás encontrar tampoco la tendrá. El sexo es juego de adultos, y todos sabemos que mientras más rienda suelta se le dé a la imaginación, mejor resulta el juego. Celebra la libertad de tus pensamientos, y ¡permítete fantasear!

Bonus track

Canción lema de la *diosa erótica*: *Bitch* de Meredith Brooks:

I hate the world today
You're so good to me, I know
But I can't change
Tried to tell you but you look at me like maybe I'm an angel
    underneath
Innocent and sweet

Yesterday I cried
You must've been relieved to see the softer side
I can understand how you'd be so confused
I don't envy you
I'm a little bit of everything
All rolled into one

I'm a bitch
I'm a lover
I'm a child
I'm a mother
I'm a sinner
I'm a saint
I do not feel ashamed
I'm your hell
I'm your dream
I'm nothing in between
You know you wouldn't want it any other way

So take me as I am
This may mean you'll have to be a stronger man

Rest assured that when I start to make you nervous
And I'm going to extremes
Tomorrow I will change
And today won't mean a thing

I'm a bitch
I'm a lover
I'm a child
I'm a mother
I'm a sinner
I'm a saint
I do not feel ashamed
I'm your hell
I'm your dream
I'm nothing in between
You know you wouldn't want it any other way

Just when you think you've got me figured out
The season's already changin'
I think it's cool you do what you do
And don't try to save me

I'm a bitch
I'm a lover
I'm a child
I'm a mother
I'm a sinner
I'm a saint
I do not feel ashamed
I'm your hell
I'm your dream
I'm nothing in between

You know you wouldn't want it any other way

I'm a bitch
I'm a tease
I'm a goddess on my knees
When you're hurt
When you suffer
I'm your angel undercover
I've been numb
I'm revived
Can't say I'm not alive
You know I wouldn't want it any other way

Aduéñate de tu orgasmo

"Un cosquilleo", "una pequeña muerte", "un ataque epilépti-co", "sublime pérdida de conciencia", "tortura exquisita". Éstas son algunas de las maneras en que he escuchado a mujeres describir sus experiencias orgásmicas. Pero más allá de las distintas experien-cias y opiniones personales ¿qué es en realidad un orgasmo?

El orgasmo es, científicamente hablando, la liberación física de la tensión sexual que se genera en el cuerpo durante la **excita-ción** y la **meseta sexual**, fases que se caracterizan, entre otras varias evidencias físicas, por la lubricación vaginal, hinchazón de la vul-va, alteración del ritmo respiratorio y palpitaciones rápidas. Esta li-beración física viene acompañada de contracciones rítmicas del útero y los músculos pubocoxígeos (músculos que rodean la vagi-na y el ano), que varían en su intensidad, y provocan fuertes sensa-ciones de placer, seguidas de una relajación muy particular. ¡Huy! Parece que así descripto se le ha ido todo lo mágico, ¿no? Pero no te desesperes, que esto sigue…

Bien, ya sabes en qué consiste, pero… ¿cómo alcanzar el codi-ciado orgasmo? ¿Todas las mujeres pueden responder orgásmica-mente, o son sólo unas pocas las elegidas?

Primeramente quiero aclarar que, ante la ausencia de problemas fisiológicos, toda mujer tiene la capacidad de ser orgásmica. Pero, aun así, hay que aprender a alcanzarlo. Recuerda que el sexo, a pesar de ser perfectamente natural, no es naturalmente perfecto. Es necesario tener un conocimiento íntimo y preciso de nuestros cuerpos que no por propios resultan siempre conocidos.

Una vez que advertimos sus respuestas y preferencias, entonces recién podremos pretender disfrutar de todo el placer que puede brindarnos.

OK, entonces: lo primero que debes hacer es irte de tour por tu maravilloso, sorprendente y enigmático… ¡cuerpo!

¿Cuán seguido "jugueteas" con tu vulva? ¡Busca un espejito y mírate! Conoce tu anatomía, las peculiaridades de tu forma, la belleza de tu vulva… maravíllate ante la capacidad que tiene tu cuerpo de brindarte placer… y crea intimidad emocional con esas partes que tan a menudo quedan en el olvido. La exploración sexual y la búsqueda del placer orgásmico se hará muchísimo más fácil si te sientes cómoda con tu anatomía sexual.

Clítoris

Físicamente, el clítoris es el órgano sexual primordialmente responsable de la respuesta orgásmica femenina, contrario a la creencia popular de que sólo de la estimulación vaginal resulta el orgasmo femenino. ¿Sabías que el único propósito de existencia del clítoris es provocar placer sexual? ¡Qué maravilla! Para darte una idea del gran protagonismo que tiene el clítoris en tu potencial orgásmico hazte la siguiente analogía: en cuanto a sensibilidad o sensación, clítoris es igual a cabeza de pene; vagina equivale a testículos. Ahora bien, ¿qué crees que pasaría si en un acto sexual tú sólo estimulas los testículos del hombre? Por mucho esfuerzo que le dediques: ¿cuánto crees que tardarías en hacerlo acabar? Más que eso: ¿crees que sería posible que acabe? Bueno, tan difícil como lograr que un hombre acabe con la estimulación única de sus testículos es que una mujer pueda acabar con la sola estimulación de su vagina.

Vagina

Lo dicho acerca del clítoris no significa que la estimulación vaginal no pueda proveer placer sexual y del bueno. Los orgasmos femeninos se clasifican en dos grupos, los de clítoris y los de la vagina. Las estadísticas indican que un 25-30% de la población femenina reporta lograr orgasmos por medio de la estimulación vaginal. La vagina, a pesar de no compararse en sensibilidad con el clítoris, sí tiene receptores sensoriales, hallándose éstos más concentrados en los primeros cinco o seis centímetros de la entrada de la misma.

Punto G

La mitología erótica incluye miles de narraciones que refieren a la existencia de un punto dentro del órgano sexual femenino sobre el cual se centra la excitación sexual de la mujer. Desde su descubrimiento en 1950 por el ginecólogo alemán Ernst Gräfenberg, este "punto secreto" ha sido protagonista de inmensa controversia. Pero, ¿realmente existe? Y de ser así, ¿cómo se puede encontrar o descubrir?

Comencemos por aclarar que aunque sí, el Punto G existe, no es realmente un "punto" específico, en realidad es un área de gran sensibilidad táctil localizada a lo largo de la uretra en la pared anterior de la vagina, aproximadamente cinco o seis centímetros dentro de la misma. Su identificación "G" se hizo en honor a la inicial del apellido de su descubridor.

Se entiende que el Punto G es embriológicamente análogo a la próstata masculina. Es decir, las células que se hubieran formado como próstata en un hombre son las mismas que en la mujer conforman la zona del Punto G. Sin embargo, a diferencia de la glándula prostática, el Punto G sólo es identificable cuando la mujer se encuentra en estado de excitación sexual, por lo tanto, se ha visto dificultada su localización en estudios provenientes de autopsias, que habitualmente sirven como fuente primaria de los descubrimientos anatómicos y de prueba científica y por ello las grandes controversias en cuanto a su verdadera existencia.

Para encontrar el Punto G, es necesario que la mujer esté excitada. La estimulación directa sobre esta zona debe darse hacia el final del juego sexual previo, no al principio. Si se comienza la búsqueda "en seco", no se notará diferencia sensorial alguna y definitivamente no será una experiencia placentera. Para "descubrirlo" disfruta de los juegos que más te plazcan: caricias, besos, mordiscos, sexo oral, masajes, fantasías… ¡lo que sea! Una vez que se sienta excitación alta, debe introducirse un dedo lubricado en la vagina, unos cinco o seis centímetros dentro, y frotarse suavemente la pared anterior de la misma (la que da contra el abdomen). Sentirás que un área del tejido vaginal en esta pared —a diferencia de las otras paredes vaginales— es un tanto corrugada y de aspecto esponjoso. ¡Ése es el Punto G! ¡Lo encontraste!

El Punto G puede ser estimulado con los dedos, con el pene, o con algún juguete sexual. Para excitarlo mediante la penetración peneana, es necesario que la posición sexual sea la óptima para poder alcanzar el ángulo deseado y llegar al área correcta. No siempre la simple penetración vaginal alcanza para que la mujer goce. Se recomiendan posiciones en las que la penetración sea posterior como el afamado *doggy-style* o las "cucharitas", o la posición de la mujer encima. Esta última es ideal para que ella esté en control de los movimientos y pueda dirigir el pene a donde lo sienta más placentero. Una vez encontrado el Punto G, su estimulación puede combinarse con el sexo oral o la masturbación para el total disfrute.

Cabe destacar que aunque algunas mujeres reportan sentir gran placer al ejercer estas prácticas, no todas disfrutan de la estimulación vaginal; se estima que sólo entre un 35-50% logran tener orgasmos de Punto G. En algunos casos, incluso, dicha estimulación resulta incómoda y desagradable. La causa más común de desagrado es la derivada de la sensación de incontinencia urinaria que suele generar el roce de esta zona del canal vaginal. Este deseo de querer orinar se debe a que, a medida que el Punto G se estimula y agranda, presiona sobre los mismos nervios que envían señales al cerebro cuando la vejiga está colmada. No obstante, al continuarse la estimulación, esta sensación desaparece y es reemplazada por otras muy placenteras; es por ello que debe saber manejar el área y aprender a conocer las reacciones del cuerpo.

Otro fenómeno que asociamos con los orgasmos vaginales, o provenientes de la estimulación del Punto G, es la eyaculación femenina. De éste no se comenzó a hablar sino hasta la década de los 80, lo que no quiere decir que millones de mujeres no lo hayan experimentado durante siglos. Desafortunadamente —al igual que el Punto G— los órganos eyaculatorios de la mujer no son visibles mediante examinaciones médicas, ni autopsias, lo que dificulta su credibilidad científica.

Básicamente, al producirse la eyaculación, sucede lo siguiente: durante la etapa de excitación se va produciendo tensión en el cuerpo de la mujer, que se acrecienta y alcanza a las paredes vaginales, así como a la vejiga, debido a su proximidad anatómica. Al iniciarse el orgasmo, la tensión física acumulada cede y se produce gradualmente la relajación muscular del cuerpo, de manera tal que todo lo que estaba siendo contenido —específicamente en la zona abdominal, vulvar y vaginal— de repente puede liberarse, incluyendo lubricación, eyaculación y pequeñas cantidades de orina. Esta mezcla constituye lo que conocemos como eyaculación femenina.

La eyaculación femenina es una mezcla de fluidos producidos en gran parte por las glándulas periuretrales localizadas a lo largo de la uretra (lo que constituye parte del Punto G) y expulsados por ésta, siendo su volumen muy variable. El hecho de que la eyaculación femenina sea expulsada a través de la uretra genera gran controversia en cuanto a su contenido. Hay quienes insisten en que la eyaculación femenina no es más que orina. Hay quienes insisten en que no hay nada de orina presente en ella. Y, finalmente, hay quienes insisten en que la eyaculación femenina es una combinación de orina y fluido eyaculatorio. La verdad es que, independientemente de la composición química de la eyaculación, el efecto de la liberación orgásmica vaginal es una experiencia de intenso placer para muchas mujeres.

Para develar todos estos "misterios" y "secretos" no hace falta más que aprender a conocer suficientemente nuestro cuerpo y sus reacciones. ¿El resultado?: disfrutar mejor de nuestra sexualidad. Recuerda, no todas las mujeres gozarán con su Punto G, y aún menos tendrán la experiencia de una eyaculación, pero el desconocimiento y el temor que ello genera, muchas veces impide que aquellas que tengan esta posibilidad, la aprovechen y tengan una opción más para alcanzar la cima de su potencial erótico. Y, ¿quién sabe? ¡Quizá seas una de ellas!

Muchas mujeres se preguntan qué tipo de orgasmo es mejor, si alguno es más fuerte, o si su variedad representa mayor madurez sexual. La verdad es que, como muy bien dice la doctora Betty Dodson, "un orgasmo es un orgasmo es un orgasmo…". Ninguno es necesariamente mejor que otro. Como con tantos factores relacionados a la sexualidad, se trata sólo de preferencia personal.

Independientemente de si prefieres el orgasmo de clítoris, el vaginal, o una combinación de ambos, la mejor manera de sentirlo es responsabilizándote por él. Son muchas las mujeres que pretenden que venga "alguien" a "darles" su orgasmo, ¡cuando deben ser ellas mismas quienes se encarguen de tenerlo! Para poder dejarle saber a tu pareja sexual la mejor manera de estimularte (lo que puede variar grandemente de mujer a mujer), es necesario que conozcas íntimamente las respuestas de tu cuerpo. Por lo tanto, recomiendo enfáticamente la autoexploración sexual. Una vez que hayas logrado el orgasmo por ti misma, se hará mucho más fácil compartir tus conocimientos en pareja.

Orgasmos múltiples

¡¡¡EXTRA, EXTRA!!! Los estudios indican que los orgasmos múltiples en las mujeres son bastante comunes, y dada la técnica correcta y el deseo de la mujer de experimentarlos, pueden lograrse. ¡WEEEEEEEEE! Investigadores como Masters y Johnson señalaron que las mujeres que se masturban regularmente y se concentran exclusivamente en sus propios gustos, preferencias y exigencias sexuales, sin distracciones, pueden tener muchas experiencias orgásmicas secuenciales, así que al menos el *potencial* está ahí.

Cuando hablo de orgasmos múltiples no quiero decir que se tienen diecisiete orgasmos toditos a la misma vez. Es más bien que se tienen varios orgasmos, uno detrás del otro, en serie o en secuencia, sin que el cuerpo pase a su fase de resolución. Básicamente, una vez que la mujer logra su primer orgasmo, debe seguir estimulándose de manera que se mantenga en la fase de excitación de la meseta, pudiendo entonces volver a replicar en clímax orgásmicos. Una vez que baja su nivel de excitación y pasa a su fase de resolución, cualquier estimulación adicional constituiría una nueva relación sexual y no sería considerado una multiorgasmia, sino una simple relación sexual adicional. Así que se trata de llegar al clímax y, en vez de relajarte y bajar a la resolución, volver a la fase anterior y mantenerte ahí.

Como dije anteriormente, toda mujer tiene el potencial de experimentar orgasmos múltiples, pero debes tener en cuenta que son sólo una opción más. No hacen a la mujer más "completa" ni más "sexual" ni nada por el estilo, por lo tanto no deben ser vistos como una gran meta, porque la misma ansiedad por lograrlos puede boicotear la experiencia. Hay que mantenernos entusiasmadas ante la posibilidad, pero de una manera muuuuy relajada.

La cantidad de orgasmos secuenciales múltiples reales que pueden lograrse, inducidos manualmente, depende de factores como el método de masturbación de la mujer, sus necesidades sexuales, su persistencia, su capacidad y deseo para llegar al agotamiento y su capacidad para contar, en forma algo confiable, bajo las circunstancias.

Una mujer promedio, logrando una excitación óptima, generalmente se mostrará satisfecha con 3-5 orgasmos inducidos manualmente. Sin embargo, la estimulación mecánica, por ejemplo con un vibrador, cansa menos y puede inducirla a tener sesiones estimulantes prolongadas, de una hora o más, durante las cuales puede tener cuantos orgasmos guste. La mujer se detendría sólo al estar totalmente agotada o cuando se sienta completamente satisfecha.

Recuerda...

El orgasmo femenino es más complejo que el masculino; si bien casi nunca es tan automático y rápido como éste, el resultado para aquellas mujeres que aprenden a tenerlo es maravilloso, pues el potencial de placer sexual en la mujer es mucho más elevado que en el hombre. El proceso de aprendizaje necesario para adquirir las destrezas orgásmicas vale realmente la pena y te proveerá una vida llena de placer, relajación, alta autoestima sexual y muchísima diversión. ¡Y de eso se trata!

Algunos disparadores orgásmicos

- Durante la excitación sexual, contrae deliberadamente los músculos de tus piernas, brazos, abdomen y pies. La tensión corporal a veces es una respuesta automática y el aumento voluntario de ella a menudo facilita el orgasmo.
- Contrae tus músculos vaginales. Este movimiento enaltece la excitación y te mantendrá enfocada en las sensaciones genitales.
- Piérdete en una fantasía... lee un pasaje de algún libro erótico... mírate en el espejo durante la relación sexual. Estimula tu mente.
- Juega con la respiración. Intenta aguantar la respiración por un momentito; respira profunda, rápida o llanamente.
- Déjate ir. "Actúa" tu orgasmo. Mueve la pelvis. Di palabras sexys en voz alta, para que tú misma te escuches.
- No te concentres únicamente en tu vulva. Explora diferentes zonas erógenas: senos, cuello, costados, muslos, vientre bajo, etcétera.
- Incursiona en prácticas de sexo tántrico.
- Anótate en clases de yoga.

Diez situaciones que aumentan o disminuyen el orgasmo

- *Ovulación*. A mitad de ciclo, la testosterona aumenta y desata el impulso sexual. Las mujeres tienden a masturbarse más, iniciar el coito, y lograr el orgasmo con mayor frecuencia. El estrógeno y la oxitocina aumentan en los cuatro días posteriores a la ovulación, incrementando así el impulso sexual.

- *Ejercicios*. Incrementan la testosterona. Ensanchan los vasos sanguíneos y aumentan el volumen de la sangre, sensibilizando más el tejido vaginal. Se ha demostrado que 30 minutos de ejercicios, tres o cuatro veces por semana, eleva la capacidad de alcanzar el clímax.

- *Dieta*. Los alimentos bajos en grasas pueden prepararte para el orgasmo. Mientras menos grasa corporal tengas, mayor será tu nivel de DHEA (hormona que estimula el deseo sexual). Los bajos niveles de colesterol también reducen la acumulación de placas en las arterias y facilitan la circulación y el flujo de sangre a los genitales.

- *Meditación*. En un estudio realizado sobre la experiencia en 600 mujeres, los ejercicios de respiración y relajación elevaron los niveles de DHEA. Meditar te ayuda.

- *Novelas y películas eróticas*. Las lecturas e imágenes eróticas aumentan los niveles de PEA, sustancia similar a la anfetamina, que tu cuerpo también produce cuando siente deseo sexual. Los niveles de PEA alcanzan su punto más alto durante el orgasmo y también están siempre elevados cuando estás enamorada.

- *Progesterona premenstrual.* Cuando esta hormona aumenta, la semana anterior al período, casi siempre vemos una disminución de deseo sexual.

- *Lactar.* La prolactina, hormona responsable de la producción de leche, ahoga el impulso sexual. Sin embargo, la oxitocina que libera la leche materna estimula contracciones uterinas y puede hacer llegar al clímax.

- *Fumar.* Estudios indican que las mujeres que abandonan el cigarrillo tienen más orgasmos que cuando fumaban.

- *Estrés.* El estrés puede bajar la testosterona y la DHEA. Si has tenido un día tenso en el trabajo, tu libido puede sufrir las consecuencias. Sin embargo, un orgasmo libera tensiones y ayuda a manejar el estrés.

- *Falta de sueño.* Las mujeres dicen que acostarse más tarde que de costumbre puede afectar la libido a la noche siguiente. La posible razón es que durante el sueño bajan los niveles de cortisol, una hormona relacionada con el estrés. La falta de sueño provoca una acumulación de esta hormona, lo que puede afectar el bienestar de la mujer y, posiblemente, su apetito sexual.

¡Ponte en forma!

¿Sabías que una de las mejores herramientas que tenemos para enaltecer nuestra sexualidad es una buena condición física? Es un hecho, ya no se trata de que te mates en el gimnasio para obtener el cuerpo perfecto, sino de que te ejercites con la meta fija en que vas a pasarla mejor a nivel sexual. ¿Quién se apunta conmigo?

Mientras mejor nos vemos, en mejor estado suele estar nuestra autoestima, cosa que ayuda mucho a obtener la seguridad propia necesaria para dejarnos ir y realmente disfrutar del sexo; pero más allá de eso, el ejercicio puede ayudar a nuestro rendimiento, nuestra gracia, nuestra flexibilidad y fuerza física para lograr las más insólitas y deliciosas acrobacias sexuales. Para lograr semejantes hazañas, sólo es necesario el ejercicio con moderación. El sexo no es un evento olímpico para el que tenemos que entrenar incansablemente, pero sí es una actividad intensamente física. Por lo tanto, mientras más cuidemos de nuestro aspecto físico, más podremos disfrutar de la actividad sexual.

¿Pero cómo, exactamente, podemos lograr resultados que beneficien nuestra sexualidad? Incorporando ejercicios que favorezcan aspectos específicos de nuestra sexualidad. Comencemos con el más básico e imprescindible: el ejercicio aeróbico. Está científicamente comprobado que las personas que realizan ejercicios aeróbicos durante 30 minutos, de tres a cuatro veces por semana, experimentan un aumento en su vigor sexual. Por otra parte, el ejercicio aeróbico ayuda a que te deshagas de los kilitos de más con los que podrías estar cargando y que afectarían tu imagen corporal y, por ende, tu autoestima sexual. Tampoco debemos olvidar la importancia del rendimiento. Si quieres disfrutar de sesiones sexuales vigorosas, el ejercicio aeróbico va a ser tu mejor aliado. No es nada sexy que te quedes sin aliento (no provocado por el éxtasis) y sin energías a mitad de camino… y eso lo solucionarás practicando actividades que trabajen tu sistema cardiovascular, tales como caminar, nadar, correr, tomar clases de aeróbicos regulares o de step, e incluso bailando.

Además del ejercicio aeróbico, se debe incorporar el entrenamiento de fuerza y ejercicios de flexibilidad a la rutina diaria. ¿Te has fijado objetivamente en las posiciones tan extrañas en las que nos ponemos para tener sexo? ¡No todas son fáciles para quienes no hacen ejercicios! El entrenamiento con pesas ayuda a fortalecer tus músculos de manera que se pueda sostener el propio cuerpo (y en ocasiones, el de la pareja) durante la relación sexual. Para lograr resistencia muscular, vas a querer hacer muchas repeticiones con un peso liviano. También funcionan muy bien las bandas de resistencia, así como el ejercicio de moda: Pilates. Si lo que quisieras es aumentar la fuerza de tus músculos, debes entonces hacer menos repeticiones manejando un peso mayor.

También los ejercicios de flexibilidad ayudan muchísimo a poder realizar ciertas posiciones sexuales. Practicar yoga es una excelente manera de estirar y trabajar la flexibilidad muscular. El yoga, además, trabaja la respiración, la fuerza muscular y la concentración, todos importantísimos para maximizar el placer sexual. Si aun con esta información no te animas al yoga, por lo menos dedica unos minutos diarios a estirar bien tu espalda baja, las piernas y la pelvis. ¡Hagamos que los calambres de piernas sean una cosa del pasado!

Lo mejor que tiene el ejercicio es cómo nos hace sentir una vez completado. Cuando el cuerpo se ejercita, libera una serie de endorfinas que nos hacen sentir bien. Nuestra energía aumenta y sentimos que hemos logrado una meta, despejamos la mente, nos relajamos, combatimos la depresión, mejoramos la circulación sanguínea —que ayuda a combatir problemas de excitación en la mujer—, y el cuerpo aumenta su producción de testosterona, hormona que impulsa el deseo sexual tanto en hombres como en mujeres. ¿Qué más podemos pedir?

Tu *workout* sexual. Los ejercicios Kegel

¿Qué son los ejercicios Kegel?

Los Kegel son unos simples ejercicios que tanto hombres como mujeres pueden realizar para fortalecer sus músculos pubocoxígeos. Éstos son los músculos que, en la mujer, se encuentran en el área alrededor de la vagina y de la apertura urinaria y que, a su vez, sirven de apoyo al útero, la vejiga y el recto.

¿Por qué son importantes estos ejercicios?

Los músculos pubocoxígeos pueden debilitarse a causa de los partos, la disminución de los niveles de estrógeno durante y después de la menopausia, y el aumento en la presión de los músculos al correr o toser. Cuando estos músculos se debilitan, podría notarse una molesta sensación de presión o pesadez, escape de orina al reírse, toser, correr o hacer ejercicios, desprendimiento de la vejiga sobre la vagina, desprendimiento del recto sobre la vagina o desprendimiento de la matriz en la vagina.

Ejercitar los músculos PC te ayudará a cobrar mayor control

sobre tu área pélvica, mantener tus paredes vaginales tonificadas, incitar tu respuesta orgásmica y enaltecer la sensibilidad de la pareja masculina al contraer los músculos durante la penetración vaginal.

¿Cómo hago los ejercicios?

Antes que nada, es imprescindible que localices tus músculos PC. La próxima vez que vayas al baño, mientras orinas, haz el intento de detener el flujo de la orina. Fíjate en el movimiento muscular que haces para lograr detener tu orina. Luego relaja tus músculos y continúa orinando regularmente. ¡Encontraste tus músculos pubo-coxígeos! Ese movimiento que hiciste para lograr detener y recomenzar el flujo de orina, es el que vas a repetir al hacer los ejercicios Kegel. Si eres capaz de hacer esto, podrás controlar y fortalecer tus músculos PC.

Ejercicio 1: Aprieta el músculo y aflójalo lo más rápido que puedas.

Ejercicio 2: Aprieta el músculo, mantenlo apretado por dos o tres segundos y entonces relájate.

(Trata de hacer cada ejercicio al menos 100 veces diarias)

Los ejercicios Kegel pueden hacerse en cualquier lugar y en cualquier momento. ¡Lo mejor es que nadie podrá verte haciéndolos! ☺ Hazte del hábito de realizar estos ejercicios a diario. Crear una rutina es muy beneficioso para muchas personas. Por ejemplo, hazlos cada vez que te detengas en una luz roja, durante los comerciales de la tele, o mientras te cepillas los dientes.

Te aseguro que a pesar de que estos ejercicios podrían resultar difíciles o incluso extenuantes para algunas personas al principio, con la práctica tus músculos se fortalecerán notablemente. Y si necesitas un poco más de inspiración, piensa que si tus músculos están en forma, podrán contraerse más intensamente durante el momento de tu orgasmo, beneficiándote en que tu experiencia orgásmica sea cada vez más y más explosiva. ¡Wow!

Algunos truquitos para potenciar los Kegels…

- Trata de apretar tus músculos un poquito más fuerte cada día.
- Mantén relajados tus músculos abdominales, tus muslos y tus caderas.
- ¡No dejes pasar ni un solo día sin hacer tus Kegels!
- Si el ejercicio continuo te produce cansancio, trata de hacerlo durante uno o dos minutos y luego descansa un poco antes de recomenzar.

Algunos beneficios del sexo en la salud y el bienestar

REDUCCIÓN DEL COLESTEROL

La actividad sexual regular puede reducir el nivel general de colesterol en el cuerpo, y específicamente puede ayudar a que exista un balance más saludable entre los niveles de colesterol bueno y malo de cada persona.

AUMENTO DE ENERGÍA

Recordemos que la actividad sexual es un ejercicio físico que, en ocasiones, puede llegar a ser bastante activo y enérgico. Aun con la variación de intensidad que pudiera haber en cada relación sexual, siempre se producen beneficios en el cuerpo a nivel cardiovascular, de flexibilidad y de fortalecimiento muscular. Y estos beneficios, por supuesto, afectan directamente el impulso enérgico que vemos en personas que sostienen relaciones sexuales regulares (aproximadamente tres veces por semana). En el caso de nosotras, las mujeres, la actividad sexual regular aumenta los niveles hormonales, reduciendo así el riesgo de enfermedades coronarias. El sexo también tiene el beneficio añadido de mantener vital la genitalia femenina, lubricando y suavizando las paredes vaginales, que con el tiempo y la falta de uso podrían atrofiarse.

AUMENTO EN LA OXIGENACIÓN DEL CUERPO

Al ser una actividad que estimula movimiento cardiovascular en el cuerpo, el sexo aumenta la cantidad de oxígeno que puede llegar a las células y, como consecuencia, potencia y optimiza la actividad de varios órganos y sistemas corporales. La actividad sexual también resulta en efectos antihistamínicos, aliviando al menos temporalmente la congestión nasal.

ANALGÉSICO

La famosa excusa de "Ay, chico, mejor otro día… es que tengo dolor de cabeza" pierde total y absoluta validez ante los estudios que han encontrado que el sexo puede ayudar a disminuir dolores de cabeza, menstruales y premenstruales, y de las coyunturas (como la artritis). Esto sucede como consecuencia de las endorfinas liberadas por el cuerpo, que naturalmente alivian las sensaciones de dolor y, en ocasiones, pueden transformarlas en placer. Cabe destacar que de estas endorfinas liberadas provienen las sensaciones de relajación y bienestar físico generalizado que experimentamos luego del orgasmo.

PROTECCIÓN A LA GLÁNDULA PROSTÁTICA

Los desórdenes prostáticos pueden ser causados (o podrían agravarse) como resultado de las mismas secreciones expedidas por la glándula prostática. La actividad sexual regular elimina estas secreciones, aliviando así dichos desórdenes. Además, las eyaculaciones frecuentes ayudan a mantener la próstata saludable y evitarían el agrandamiento prostático (muy común en hombres mayores de 50 años) y, eventualmente también, la incidencia de cáncer de próstata para algunos hombres.

DISMINUCIÓN DE TENSIONES Y ESTRÉS

La relajación y el estado de bienestar que se generan en el cuerpo luego de la actividad sexual tienen beneficios importantes para el estado anímico de la persona. Las relaciones de pareja también se ven positivamente afectadas, ya que existe un aumento en los niveles de oxitocina, una de las hormonas que precipita el deseo sexual. A mayores niveles de oxitocina en el cuerpo, mayor frecuencia de encuentros sexuales en la pareja. Y el sexo, ya sabemos, es un importante componente para mantener la intimidad emocional en pareja.

CONCILIACIÓN DEL SUEÑO

La relajación corporal al concluir la actividad sexual nos permite conciliar el sueño más fácil y profundamente, permitiendo un descanso total que regenera todas las funciones y organismos del cuerpo.

SUPLEMENTO Y AUMENTO HORMONAL

Todo tipo de ejercicio físico tiene el beneficio de aumentar los niveles de testosterona en el cuerpo, tanto para hombres como para mujeres. Esta hormona ayuda a fortalecer los músculos y los huesos del cuerpo humano, y también es la principal hormona encargada de desatar el deseo sexual del ser humano. Otra hormona cuya producción aumenta significativamente como consecuencia de la actividad sexual es la DHEA. Esta hormona esteroide está asociada con un aumento en la libido (es un andrógeno, como la testosterona), el aumento en la masa muscular, y actúa como antidepresivo natural. También ayuda a balancear el sistema inmunológico, promueve el crecimiento óseo, mantiene la piel saludable, contribuye a la salud cardiovascular y mejora los procesos cognoscitivos de la persona.

Realmente, ¿necesitas que te siga convenciendo? ¡A mover el esqueleto! Ponte en forma sexual… ¡ya!

Comunica tus necesidades

Hemos llegado a una parte crucial de nuestro aprendizaje sexual. Si bien recién hemos revisado y aprendido sobre el funcionamiento erótico de tu cuerpo, el sexo no siempre se practica a solas. Y cuando lo pensamos de a dos, es imprescindible poder comunicarnos franca, directa y abiertamente con la pareja.

Puedes transmitirle tus deseos y necesidades a tu pareja por vía verbal o por vía no verbal. La no verbal es la más fácil porque cuesta menos intentar comunicar algo sin utilizar directamente las palabras. La comunicación no verbal puede realizarse de varias maneras: mediante tus gemidos, mostrando con tus acciones lo que quieres que sea recíproco, dando feedback positivo cuando te gusta lo que te están haciendo, de modo que tu pareja se entere de que determinada caricia o actividad sexual te encantó y funcionó, o feedback negativo mediante el silencio, quedándote calladita cuando determinada caricia o actividad sexual te dejó fría. También puedes físicamente, pero sin el uso de palabras, dirigir a tu pareja a aquellas partes de tu cuerpo que quisieras que fueran acariciadas, incluso mostrando el tipo de caricias con tus propias manos.

Si bien la comunicación no verbal resulta más fácil para algunas personas, la verdad es que es mucho menos efectiva que la verbal, pues no puedes ser específica en lo que quieres comunicar. Para poder comunicarte verbalmente lo primero que vas a necesitar es el manejo de vocabulario sexual. Sin él, no podrás ser específica y detallada en las conversaciones con tu pareja.

¿Cómo manejarlo? Pues primero tómate el tiempo de asegurarte de que conoces y te familiarizas con ciertas palabras y de que tengas el valor de decirlas en voz alta. Para esto, hay un ejercicio que me encanta… aquí va. Haz un listado de palabras, adjetivos y verbos que tengan que ver, o se relacionen, con la sexualidad. Desde las más oficiales, correctas y científicas, hasta las más callejeras, cotidianas y hasta vulgares. Por ejemplo, penetración: relaciones íntimas, hacer el amor, garchar, meter mano, coger, chichar… en fin, toda la gama. Una vez tengas tu lista, busca momentos en los que estés a solas para ir practicando las palabras en voz alta. Podrías ir en tu auto de camino al trabajo en la mañana, recitando tu listita: "pene, bicho, verga, pija, miembro, órgano, poronga…". La idea es que tú misma te escuches recitando la lista y diciendo en voz alta toda la variedad de palabras, de manera que las vayas normalizando para ti misma y luego no te cueste tanto decirlas. Es súper importante repetir y repetir y repetir… cuando una palabra que te incomoda sale de tu boca, cuesta un poco asimilarla. Pero, como en todo, es cuestión de practicar. Y una vez que las hayas practicado y normalizado, será mucho más fácil comenzar a armar aquello que quieres decirle a tu pareja de manera directa y específica.

ALREDEDORES Y DISPONIBILIDAD

Es importante pensar en el lugar y el momento adecuados para hablar con tu pareja sobre el tema sexual, porque ya de por sí la cuestión puede resultar incómoda, así que no quieres ser inoportuna ni abordar el tema en un lugar inapropiado. Te recomiendo que evites a toda costa tener conversaciones de esta índole estando en la cama. Es mucho mejor hablar en un lugar alejado de donde suele darse la acción, donde ambos tengan toda su ropita puesta y no estén en un momento de vulnerabilidad, como cuando estamos desnudos. También es importantísimo buscar un momento donde puedan tener privacidad y donde no vayan a ser inoportunamente interrumpidos. En cuestiones de charlas íntimas, ante todo, ¡discreción! Es una linda manera de respetar a tu pareja.

CLARIDAD INDIVIDUAL

Antes de proponer una charla, o de comenzar determinada conversación, debes estar muy clara de lo que quieres comunicar. Así podrás concentrarte en el propósito particular de la conversación y será más fácil no caer en tangentes que podrían ser incómodas o complicar aun más la situación. Si no estás muy clara a nivel de tus conclusiones sobre el asunto, déjale saber que quisieras abrir el foro para que discutan determinado tema o situación, pero que aún no tienes claridad absoluta al respecto. De esta manera, simplemente abres la posibilidad de evaluar y poco a poco ir trabajando el tema.

ASEVERACIONES DEL YO

Vamos a imaginarnos que lo que le quieres comentar a tu pareja es que no te agrada la manera en que te practica sexo oral. Sería desastroso si le dijeras: "Es un desastre como lo haces" o "Tu lengua es áspera y no me gusta". Mejor, en vez de acusar y atacar, habla sobre tu experiencia y tus preferencias: "A mí me gusta", "Yo prefiero…", "Si supieras que yo funciono de tal manera…".

La sugerencia suele ser mucho mejor recibida cuando le planteas a alguien lo que pasa contigo que cuando lo culpas o atacas. De una manera, logras que quiera involucrarse y colaborar para mejorar tu experiencia. De la otra, pones a tu pareja en plan de defensa y, casi siempre, retribución de ataques.

PARAFRASEAR

La idea de parafrasear es simplemente evitar confusiones o que se malinterprete lo que cada cual intenta comunicar. La persona que está recibiendo la información parafrasea y repite, para chequear así que ha entendido correctamente las ideas del otro.

ASUNCIONES Y PRESUNCIONES

En esta vida, no podemos asumir nada... y en conversaciones íntimas, menos. Maneja tu comunicación sexual sin asumir nada y, cuando creas que estás llegando a determinadas conclusiones, verifica con tu pareja a ver si están ambos en la misma línea. Como dicen en mi país, "cuentas claras conservan amistades"... y buenas relaciones eróticas.

NEGOCIACIÓN

En toda comunicación tiene que haber espacio para negociar. Tú puedes, por supuesto, dar a conocer tu punto de vista, deseos y necesidades. Pero ese derecho también lo tiene tu pareja. Y su punto de vista puede o no coincidir con el tuyo. Por lo tanto, el arte de la negociación es importantísimo manejar. La idea es buscar aquellos puntos en los que coinciden, o en los que pueden llegar a coincidir, sin que ninguno de los dos haga o se someta a nada que no quiera hacer. Recuerda siempre que la actividad sexual debe siempre darse entre adultos, y de manera absolutamente *consensual*.

REVISIÓN

Podemos llegar a ciertas conclusiones como resultado de una clara comunicación y respectiva negociación, pero esto no quiere decir que vayan a ser ley por el resto de nuestros días. Siempre podemos, y debemos, revisar nuestros acuerdos. Los gustos y preferencias del ser humano cambian durante el transcurso de la vida. Frente a nuevos deseos, siempre se deben revisar los acuerdos previos. La edad, el nivel de madurez y las nuevas fantasías obviamente provocan nuevos intereses, y debemos estar abiertos a continuas conversaciones y comunicaciones. Se trata de dar la oportunidad de que cada cierto tiempo, o cuando parezca necesario, se revise y, posiblemente, se enmiende lo pactado.

12. El sexo seguro no tiene por qué ser sexo aburrido.

13. Si te dice, "Ay, caramba… no tengo condones", respóndele: "¿Adivina qué? Yo SÍ".

14. ¡Practica, practica, practica! Recuerda, mientras más orgasmos tengas, ¡más fácil se te hará seguir teniéndolos!

15. Véndale los ojos y acaricia todo su cuerpo con una pluma: ¡lo dejarás completamente erizado y listo para más acción!

16. Escríbele una notita erótica y envíasela por correo.

17. Conviértete en gimnasta… ¡Experimenta con una nueva posición sexual!

18. Cuando le estés haciendo un striptease, asegúrate de mirarlo fijamente a los ojos EN TODO MOMENTO…

19. Aprende a negociar: si no quieres tragar su semen, déjalo eyacular sobre tus senos.

20. Rompan con la rutina… hagan el exacto opuesto de lo que hicieron la última vez que tuvieron relaciones. ¿Fue de mañanita? Entonces ahora háganlo de noche. ¿En el cuarto? ¡Intenten la cocina!

21. Para asegurarte un orgasmo de primera, déjate ir y "actúa" tu orgasmo. Mueve tu pelvis y di palabras sexys en voz alta, para que tú misma te escuches… envuélvete en el erotismo del momento.

22. Hay algo muy seductor ante la idea de hacer el amor al aire libre. La posibilidad de poder ser descubiertos es muy excitante, y el contacto cercano con la naturaleza, sumamente sensual. Hagan el amor sobre la grama en el patio, en un parque de día, sobre la arena de la playa…

PLACERES SEXUALES

———————— ❖ ————————

El placer sexual se puede experimentar de un sinnúmero de maneras diferentes. En este capítulo vamos a hacer una división entre los distintos placeres que podemos obtener. ¿Sabes a cuáles me refiero? A los placeres manuales, orales, coitales y anales.

Antes de comenzar a desarrollar estos tipos de placer me gustaría insistir en la importancia de que te permitas vivir y experimentar el placer erótico como una forma de liberarte y de vivir la sexualidad con apertura. Cuando esto sucede, si te encuentras en pareja, verás que este modo de vivir la sexualidad te ayudará a afianzar el vínculo con el otro, ya que para lograr disfrutar en pareja del sexo debemos tener una buena comunicación y un buen enganche. Al generarse placer entre dos personas crecen la confianza y la intimidad. El secretito, lo distinto o lo escondido que se tiene con una pareja sexual, es precisamente el sexo; lo que diferencia la pareja de cualquier otra relación, como por ejemplo la amistad, es el sexo, y por eso resulta taaaaaannn importante incentivarlo. Siempre se genera una complicidad interesante al compartir los placeres eróticos.

¿Cómo podemos hacer para lograr una maximización de placeres en el día a día? El sexo cotidiano es para conectarse con el otro. Cuando estamos con una pareja masculina nos enchufamos —literalmente— con el otro: esto nutre, nos llena de energía, es algo que no se puede ni describir a veces con palabras, pero es muy real. Todo ello se genera a través de la sexualidad. Por eso es tan importante conocer los placeres sexuales, porque van a ser las herramientas que te ayuden a fortalecer el vínculo con tu pareja.

Ahora vamos a mirar, desarrollar y analizar cada placer sexual en particular para que tengas en claro los conceptos más importantes, las técnicas sexuales más interesantes, y para que puedas saber cómo vivir el placer erótico a través del conocimiento.

Placeres manuales

Los placeres manuales pueden obtenerse tanto de forma individual como compartida. Comenzamos con los placeres individuales. Casi todas las personas tienen su primer contacto con la sexualidad a través de la masturbación. En la niñez o en la adolescencia, de una u otra manera, nos topamos con la autoestimulación del cuerpo y con el placer como consecuencia de esa estimulación. Se trata de algo totalmente natural, es de esperarse que se dé y es súper provechoso. ¿Por qué es importante a nivel individual? Porque te ayuda a conocer bien tu cuerpo, es completamente segura, no contagia enfermedades, no produce riesgo de embarazo y, por encima de todo, el hecho de poder concentrarse en el placer de uno mismo sin tener que preocuparse por el disfrute de otra persona resulta fundamental, ya que ahí es donde uno tiene su espacio para aprender bien cómo funciona su sexualidad. En cambio, cuando estás con alguien también estás pensando cómo estás actuando en relación con tu pareja, en cómo él o ella se está sintiendo, en definitiva, estás pendiente de lo que está pasando con el otro. Acá, al concentrarte solamente en lo que ocurre contigo, tienes la posibilidad de realmente obtener todita la información de cómo funcionas TÚ. Recién ahí vas a poder compartir con el otro sabiendo lo que a ti más te gusta, conociendo a full tu cuerpo. Es un primer paso bien importante y necesario que sólo se logra con los placeres sexuales individuales. No se puede saltar. No obstante, las mujeres a veces tienden a omitir esta fase por todos los rollos, preconceptos y tabúes sociales con los que todavía, en el siglo XXI, se encuentran.

¿Hasta qué punto suprimes tus propios pensamientos eróticos? ¿Te permites fantasear libremente? Seguramente no. Esto habitualmente sucede porque en algún lugar de tu lindo cerebro aún permanece tatuado el mensaje de que no está bien tener pensamientos eróticos... no es de mujeres decentes... o no eres una buena persona si te permites pensar en tal o cual calentón, ¡por más rico que te parezca! Acá no se trata de cuestionamientos conscientes, pero están ahí. Y es que la mente es súper poderosa y juega un rol increíblemente importante en nuestra sexualidad, para bien o para mal.

Hace unos años, en alguno de mis programas de televisión, le pregunté al público presente cuántos se masturbaban regularmente. Yo, obviamente, levanté mi mano... y estoy CASI segura de que fui la única mujer que se animó a hacerlo. De más está decir que mi admisión pública causó gran revuelo, y ese fragmento fue levantado y emitido en múltiples programas para comentarlo. A mí, al día de hoy, lo absurdo de esa experiencia me causa en verdad mucha risa. Apuesto lo que sea a que si la pregunta hubiese sido "¿cuántos de ustedes tienen relaciones sexuales en pareja?" todas las mujeres allí presentes hubieran alzado la mano sin que ocurriera nada del otro mundo. Sin embargo, al tratarse de la masturbación, de repente se convirtió en tremendo chisme y tremendo tabú. ¡Escándalo! ¡Alessandra admite haber experimentado con la masturbación! Bueno, tanta cosa y... ¿qué quiere decir de mí como mujer que también disfrute del sexo a solas? ¿Seré una mujer sucia, perversa, ninfómana, patética, jamona, enfermita... una mala persona? ¡Nada que ver! Esas etiquetas, más allá de ser falsas, suelen ser súper feas y agresivas. La realidad es que mi admisión masturbatoria me hace una mujer honesta, segura, informada, saludable, feliz, dueña de mi expresión sexual y con pleno conocimiento de mi cuerpo y sus reacciones eróticas.

La mayoría de las mujeres, sin embargo, aún no han experimentado este nivel de autoconocimiento. Esto es peligroso porque muchas comienzan a intimar sin contar con este entendimiento previo básico y se arriesgan a tener relaciones sexuales infructuosas e insatisfactorias al no saber cuál es su mejor manera de vivir el placer. Y esto es realmente un problema de la mujer. Al hombre no le pasa porque socialmente siempre tuvo permisos para autoexplorarse y sentir placer. Fue incitado a ello. Incluso durante la adolescencia se espera que el varón experimente mediante la masturbación, mientras que se niega fervientemente que la chica haga lo mismo. Sólo un ejemplito de la fuerte doble moral que existe respecto a este tema.

¡Pero no te asustes! Si no has tenido la oportunidad de autosatisfacerte: ¡puedes empezar ahora! Sé que no es fácil pues por algo no lo hiciste hasta el momento. Seguramente incidieron los mandatos sociales, cierto tipo de educación, prejuicios, etc. Por eso es importante dar el primer paso. Tal vez llegas a este punto con una carga emocional muy pesada. Pero igual no deja de ser necesario. La cuestión es iniciarse e incorporarlo de la manera más sutil posible y en pasos pequeñitos.

En el capítulo donde hablamos sobre la imagen corporal, comenté que una buena forma de comenzar a conocer nuestro cuerpo es pararnos desnudas frente al espejo y comenzar a reconocernos, mirarnos y analizarnos como un primer paso que nos puede llevar a muchas otras cosas. Es como lo más básico: te miraste, te conociste, le pusiste nombre a todo, cómo se ve por aquí, cómo se ve por allá, te acostumbraste a ver con un espejo tu vulva… ahí ya tienes un conocimiento, ya hay algo que no te resulta tan desconocido. De ahí entonces pasas a lo erótico. Pasito a pasito. No te pongas presión. No pienses que tienes que tener cinco orgasmos en tu primera exploración. Simplemente hazte la idea de que vas a compartir contigo misma, que te vas a generar nuevas y deliciosas sensaciones, que vas a disfrutar y que te vas a permitir fantasear. Todo esto puede resultarte incómodo al principio, pero tienes que generarte el espacio para hacerlo. Reservar un tiempito en que puedas estar realmente a solas… traba la puerta, desconecta el teléfono, apaga el celu, no permitas interrupciones, y comienza a disfrutar. Por más raro que te parezca y por más que te cueste comenzar, te aseguro que una vez que vivas la experiencia, el estrés desparecerá.

Recuerda siempre que tu pareja no funciona como tú y no puedes pretender que alguien te conozca si tú no te conoces a ti misma. Tu pareja puede haber estado con miles de mujeres, pero no ha estado contigo, y no tiene por qué saber lo que a TI, particularmente, te gusta. Es por eso que sólo puedes ayudar al otro, a través de la comunicación verbal o corporal, si tú te conoces bien primero.

Como venimos comentando, los placeres manuales individuales para la mujer son básicos y, a menudo, necesarios. La masturbación es una práctica sexual natural. Es beneficiosa psicológicamente y saludable físicamente. Es absolutamente normal y natural que los seres humanos se masturben, incluso desde la infancia. En el caso de los niños, éstos lo hacen tanto por placer como por curiosidad. El deseo de autoestimularse puede ocurrir en diversos momentos para distintas personas. Además, cada cual tiene su manera especial de masturbarse. Algunas personas fantasean, otras gritan y hacen ruidos… en fin, los gustos y preferencias varían grandemente. ¡Está bien! No existe una manera correcta o una manera incorrecta de autoexplorarse… la única regla es que la pasemos bien.

Beneficios de la masturbación

Además de todos los motivos desarrollados, que justifican y alientan el ejercicio y la experiencia de la masturbación, ahora te contaré (¡por si te queda alguna duda!) qué otros beneficios concretos trae la masturbación. ¡Anímate entonces!

Si miramos en orden de efectividad los caminos hacia el orgasmo, la masturbación es la manera más fácil de llegar; luego el sexo oral (la estimulación directa produce placer), y después la penetración vaginal (no es una estimulación directa del clítoris).

Siempre hay un retraso en la comunicación con el otro, hasta que tú procesas qué es lo que más rico sientes cuando te tocan. Sin embargo, con la masturbación tú misma reconoces enseguida cuáles son tus puntos de placer, y vas modificando tu propia fricción hasta lograr el punto de mayor placer.

No existe evidencia alguna que demuestre que la masturbación produce algún tipo de problema en la gente que lo practica. Ninguna. Cero. Se han hecho cantidad de estudios a través de los años y simplemente no hay evidencia en contra… pero sí ¡a favor!

El ser un poquito egoísta de vez en cuando y darte mimos a ti misma está bueno. Además, siempre tendrá como consecuencia directa el mejorar tu actividad sexual con la pareja.

La masturbación es una práctica sexual que te lleva a determinar tu pulso sexual particular en cada momento. Es un acto de mucha madurez pensar dónde cada uno está hoy con respecto a su sexualidad.

Mitos y verdades sobre la masturbación

Mitos

- Causa demencia, dolores de cabeza, epilepsia, acné, cegue-ra, verrugas, ninfomanía, malos olores, pelo en las palmas de la mano.
- La masturbación excesiva es dañina.
- Es un acto anormal e innatural.
- Es propio de las personas inmaduras.
- Es practicado por personas con un bajo nivel de educación.
- Es un sustituto para el coito.
- Se puede aprender a preferir la masturbación al coito.
- Sólo los hombres la practican.

Verdades

- No existe evidencia alguna de que la masturbación tenga efectos negativos físicos o mentales para quien la practica.
- Es una función natural. Casi todas las culturas ven la mas-turbación como una actividad normal y aceptada. Varias especies de animales se masturban. Ejemplo: los monos bonobos se masturban. Es una especie de chimpancé. Son conocidos porque sus prácticas sexuales son muy parecidas a las de los humanos. Ellos hacen tríos, se masturban, tie-nen sexo por placer. Es un primate al que suele hacerse re-ferencia porque incluso ocasionalmente sostienen relacio-nes homosexuales, tanto machos como hembras.
- Se recomienda mantenerla en práctica durante toda la vida. La sexualidad de cada cual se va ajustando y ade-cuando durante el transcurso de los años. Cada nueva eta-pa es distinta.

- Muchas personas se masturban como actividad gratificante adicional.
- El coito y la masturbación pueden/deben verse como experiencias sexuales complementarias, y no mutuamente excluyentes.
- Es una excelente manera de crear tu propio orgasmo.
- Es natural que los niños se masturben. No hay morbo, no hay pensamiento erótico, no están con la cabeza allí. Es el adulto quien tiñe esta reacción del niño con su pensamiento de adulto. Para el niño es sólo una reacción natural.

Los sentimientos de culpabilidad que a veces acompañan la actividad masturbatoria son el resultado de que OTRAS personas digan que la masturbación es mala, dañina, y no debe practicarse...

¡¡¡Diez buenas razones para masturbarse!!!

- Se siente bien.
- Nos ayuda a aprender las respuestas de nuestro cuerpo, lo que nos excita y lo que no nos mueve un pelo. Una vez que logras aprender tus necesidades sexuales básicas y la mejor manera de satisfacerlas, se facilita el transmitirle esa información a la pareja y se sientan las bases para una vida sexual mucho más placentera.
- Es completamente seguro; no se puede embarazar a nadie ni transmitir enfermedades venéreas.
- Puedes concentrarte exclusivamente en ti sin tener que preocuparte por el disfrute de otra persona.
- Ayuda a liberar congestión pélvica, especialmente durante la menstruación, en el caso de las mujeres.

- Es una buena manera para volver a entablar relaciones sexuales luego de un ataque cardíaco o alguna otra enfermedad debilitante.
- La práctica lleva a la perfección: mientras más te masturbes, más orgasmos serás capaz de tener con y sin tu pareja.
- Libera tensiones y ayuda a conciliar el sueño.
- Si estas soltero o soltera, no vas a estar trepando paredes y tampoco te acostarás con la primera persona que se cruce en tu camino.
- ¡¡¡Es un tratamiento de belleza fabuloso!!! El orgasmo mejora la circulación sanguínea, combate los efectos del estrés, y da luminosidad a la piel.

Placeres manuales compartidos

Si bien los placeres manuales se conocen por practicarse sobre todo individualmente, la masturbación también se practica en pareja. Se trata de la masturbación mutua. Es de las prácticas iniciales que suele generarse en pareja. Particularmente cuando se es adolescente y todavía no se sienten listos para el sexo oral o la penetración. En estos casos, muchos adolescentes se permiten caricias eróticas a los genitales y comparten experiencias orgásmicas. Pero no sólo los adolescentes practican la masturbación mutua... muchos adultos la practican simplemente porque disfrutan de este juego sexual.

PLACERES ORALES

Cuando se trata de obtener placer sexual, pocas actividades pueden igualar a las caricias orales. Consideradas por mucho tiempo como sexo tabú, el sexo oral es hoy una práctica generalmente vista con buenos ojos y disfrutada abierta y libremente por la mayoría de las personas.

El sexo oral en sus diferentes variantes configura una de las expresiones sexuales más placenteras y gratificantes. Aunque presenta diferencias sustanciales con el coito, el sexo oral es considerado en sí mismo una "relación sexual". Su importancia es tal, que en el caso de las mujeres, hay quienes sólo pueden alcanzar su clímax en pareja a través de esta práctica. Para los hombres tiene también singular trascendencia; son muchos quienes reportan especial fascinación por este juego erótico.

Diversos estudios han concluido que, dada la oportunidad de escoger entre el sexo oral y el coito, tanto hombres como mujeres escogerían los juegos orales. ¡Y es que la idea de una lengua lamiendo los genitales resulta mucho más picante! Además, tiene algunas grandes ventajas:

- La lengua es húmeda y suele ser más suave, ágil y calentita que las manos y el pene, factores que aceleran la respuesta erótica de quien recibe la caricia.
- Da la oportunidad de concentrar exclusivamente en el propio placer: la persona puede tenderse y recibir, sin tener que corresponder simultáneamente, enfocando todas sus energías y erotismo en su propia experiencia sexual, que a la vez es compartida.
- Provee libertad ante posibles preocupaciones de embarazos no deseados.

Aun contando con tales ventajas, así como con el respaldo incondicional de tantas personas, el sexo oral es una de las expresiones sexuales que más inseguridad provoca en las personas. ¡Sencillamente no estamos muy seguros de cómo practicarlo correctamente! Y para quien no está muy convencido/a de sus capacidades orales, esta falta de conocimiento puede afectar severamente su autoestima sexual. Si quieres aprender a ser una diosa de los placeres orales, no puedes perderte lo que viene.

Cunnilingus

Cunnilingus es, nada más y nada menos, que el acto de utilizar la boca para estimular la genitalia femenina. En otras palabras, es el sexo oral practicado hacia la mujer. La estimulación oral de la vulva puede incluir el chupar o lamer la vagina tanto interna como externamente, y sobre todo, se concentra en la estimulación directa del clítoris. Sin duda alguna, la boca tiene la capacidad de crear una gran variedad de intensas sensaciones que, para muchas, resulta inigualable. Así que, ¡a prestar atención! ☺

El clítoris es primordial para la excitación sexual de la mujer.

Por lo tanto, muchas personas se lanzan directamente hacia él cuando practican un cunnilingus. ¡Error! Lo mejor que pueden hacer es generar expectativa. Primero, recomiendo que se bese y lama el vientre y los muslos, acercándose poco a poco al área genital. Una vez allí, se debe también comenzar por otras áreas interesantes, como el Monte de Venus, los labios mayores y menores, y los alrededores más cercanos del clítoris. Muchas mujeres disfrutan muchísimo cuando se acaricia el Monte de Venus. Como ya es sabido, el Monte de Venus es ese montecito de piel que queda sobre el hueso púbico femenino y que, generalmente, está recubierto de vello. La idea es masajear con la mano esta parte del cuerpo de la misma manera en que se masajearían los hombros y el cuello, pero asegurándose de no presionar demasiado fuerte. Mientras se masajea el Monte, la boca puede acercarse lentamente hacia la vulva. El nivel de excitación aumentará de a poquito, a medida que gradualmente se vaya acercando más y más a su centro erótico. Una vez que exista absoluta SEGURIDAD de la excitación de la mujer, entonces se lame el clítoris.

La manera en que se usa la lengua es muy importante, puesto que se pueden proveer diferentes texturas y sensaciones con tan sólo flexionarla. Cuando la lengua está blandita y plana, provee una caricia suave. Cuando se vuelve rígida, puede proveer estimulación más firme y directa. Es importante probar con todas sus variaciones y determinar cuál prefiere la mujer. De igual manera, se debe experimentar con la rapidez de los movimientos. Algunas mujeres querrán movimientos más rápidos, mientras que otras prefieren caricias lentas y sostenidas.

Muchas mujeres disfrutan de la penetración durante el sexo oral. Dicha penetración puede proveerse fácilmente con los dedos o con algún consolador/dildo bien lubricado. Se debe siempre seguir la curvatura natural de la vagina para facilitar la penetración, y estar pendiente de la preferencia de la mujer. Algunas querrán ser penetradas con movimientos de bombeo, mientras que otras simplemente querrán sentirse "llenas" con el/los dedos o el dildo dentro.

Para comenzar, se debe:

- *Conocer bien la anatomía femenina*: Clítoris, labios menores, labios mayores, perineo, Monte de Venus…

- *Disfrutar*: No hay NADA más sexy y excitante que saber que la pareja disfruta de realizar el sexo oral. Hay que asegurarse de gemir y dejarle saber lo mucho que se está disfrutando.

- *Poner la lengua en forma*: ¡A ejercitarla! Se pueden delinear las letras del alfabeto sobre el clítoris con la lengua, hacer círculos con la lengua, penetrar y retirar la lengua de su vagina… en fin, ser creativos con su uso.

Algunas técnicas básicas:

- *Usar la boca completa*: Cubrir el clítoris completamente y succionar suavemente. No se trata sólo de acariciar con la puntita de la lengua, sino de involucrar la boca completa en el acto.

- *Manejar la lengua*: Experimentar con todas las maneras en que se pueda estimular con la lengua: presión firme y dispersa; caricias suaves, descuidadas y babositas (de lado a lado, con mucha saliva); caricias duras y enérgicas; lamidas largas y prolongadas (bajando desde justo sobre su clítoris hasta su perineo); chupaditas (comenzando suave y variando la presión e intensidad de la succión).

- *Concentrar en el clítoris*: Lamer el capuchón, por los laditos, y claro, acariciarlo directamente.

- *Entrar en ritmo*: No hay necesidad de ir acelerando, sino de mantenerse constante. Si algo está funcionando bien, NO es el momento para dar rienda suelta a la creatividad. Una variación en ritmo o estimulación estando cerca del clímax orgásmico puede dejarlo nuevamente en cero. Para las mujeres, el ritmo es muy importante.

- *Lengua fatigada*: Reemplaza la lengua por un dedo de ser necesario un descansito.

- *No detenerse al comenzar su orgasmo*: Muchas mujeres gozan con la estimulación continua mientras disfrutan de su clímax orgásmico. En el momento en que ya no pueda más, ella lo dejará saber.

Posiciones:

- *Cleopatra*: La mayoría de las parejas comienzan con la mujer sentada en una silla o recostada sobre la cama. Esto da acceso directo a la genitalia de la mujer a la vez que apoya su espalda para su completa comodidad. Sus manos, adicionalmente, quedan libres para tocarse ella misma. La pareja puede acostarse o sentarse frente a la mujer, libre también para usar sus manos como parte del juego oral.

- *Cuclillas*: La mujer puede ponerse en cuclillas sobre la cara de su pareja, quien se acostaría boca arriba. Una variación muy popular es que la mujer utilice sus brazos para estabilizarse sobre la cama o el piso. De esta manera, tiene libertad de movimiento pélvico para acentuar la estimulación oral que le provee su pareja.

- *El "69"*: Esta posición permite que la pareja se estimule mutuamente. A pesar de ser visualmente muy erótica, suele dificultar el disfrute del sexo oral. Para muchas parejas, el estar concentrando en realizar el sexo oral no les permite concentrarse lo suficiente como para experimentar su propio orgasmo.

- *Parados*: En esta postura, la persona que recibe está de pie mientras que quien realiza el cunnilingus se arrodilla a sus pies. Se presta muy eficazmente para realizar juegos de dominancia y sumisión.

Algunos tips importantes para tener en mente antes de practicar un cunnilingus:

- Compartir un baño antes del juego oral. De esta manera, no tendrán preocupaciones respecto a sabores u olores desagradables.
- Dejarle saber lo bien que se ve, siente y huele.
- La humedad es muuuuy importante en el sexo oral… siempre suma utilizar mucha saliva.
- No hay que dejar de usar las manos… permíteles recorrer el cuerpo y otras partes de la vulva para mantenerla excitada. Una vez que la excitación sea evidente, se pueden introducir uno o dos dedos dentro de la vagina, como estímulo adicional.
- Penetrar también con la lengua, manteniendo contacto con el clítoris con la puntita de la nariz.
- Tararear. Enviar vibraciones sutiles a toda el área genital.

- ¿Quién dijo postre? Una de las cosas más deliciosas que puede hacerse con el sexo oral es deleitar el paladar con algún alimento dulce, sexy y sabroso. Sirope de chocolate, miel, mermelada, crema batida... las posibilidades son infinitas.
- Añadir un vibrador. Para muchas resulta súper delicioso que se penetre la vagina con un vibrador a la vez que la lengua se encarga de acariciar otras partecitas de la vulva. La intensidad de las vibraciones, sumadas a la humedad, suavidad de textura y agilidad de la lengua son inigualables.
- Ante la duda, optar siempre por caricias suaves sobre caricias bruscas.
- Alterar la temperatura. Beber algo frío o caliente antes de acercar la boca a la vulva. La menta, además de refrescar y estimular el paladar de quien practica el cunnilingus, también provee intensas sensaciones a quien lo recibe.
- ¡Punto G! Con un consolador especializado para la estimulación del Punto G, o simplemente masajeándolo con tus dedos, se pueden provocar orgasmos por partida doble: clítoris y Punto G.
- La penetración cuidadosa del ano puede proporcionarle intenso placer a una mujer. Para ello, se deben utilizar los dedos, bien lubricados, y no volver a tocar la vulva con esos dedos hasta tanto no se hayan higienizado adecuadamente.
- Si ella no se siente cómoda con la penetración anal, puede optarse por acariciar sus nalgas con firmeza. Apretarlas y hacer movimientos grandes circulares sobre ellas estimula el área anal indirectamente sin que la mujer llegue a sentirse incómoda.
- Usar presas dentales. Éstas son unas hojas pequeñas de látex que se colocan sobre la vulva para crear una barrera a

los fluidos corporales mientras se realiza el sexo oral, sirviendo como protección ante el contagio de enfermedades de transmisión sexual.

- Relajarse y disfrutar. La actitud y el entusiasmo son tanto o más importantes que la técnica.

Felación

La contraparte del cunnilingus se conoce como felación. Es decir, la felación es el sexo oral que se le practica al hombre. A estas alturas, todos y todas estamos enterados de que los hombres MUEREN por una buena felación. Más allá de lo absolutamente delicioso de las caricias orales, en el caso del hombre también se suma el factor visual. Como ya sabemos, los hombres responden muy intensamente a estimulaciones visuales eróticas. Dándose el caso de que su genitalia queda libremente expuesta, lo que provee gran facilidad para mirar los acontecimientos orales, la felación provee una especie de minipelícula porno para el hombre que la recibe. ¡Su sueño hecho realidad! ☺ Por lo tanto, chicas, les toca a ustedes prestar mucha atención.

Dar una buena felación no es realmente difícil, una vez que sabes dónde y cómo comenzar. Lo más importante, y realmente primordial, es que hay que aprender a disfrutar de ella. No hay nada menos sexy que una mujer que obviamente está realizando el sexo oral por complacer a su pareja o porque siente que debe/tiene que hacerlo. Si nos fijamos detenidamente, en la mayoría de los casos el desagrado tiene que ver con el olor, las arcadas y el semen del hombre, ¡todos temitas menores muy fáciles de manejar!

Una persona puede o no sentir agrado por el gusto del semen, que suele ser un tanto saladito y amargo, con una textura algo viscosa, dependiendo de su pareja o de sus propias preferencias. Si prefieres no tragar o tan siquiera probar el semen para luego escupirlo, es tan sencillo como pedirle a la pareja que te avise cuando esté a punto de eyacular. Una vez se le haya avisado, debes continuar estimulándolo con tus manos hasta que tenga su clímax. También pueden utilizar condones (preservativos/profilácticos) para prevenir todo tipo de contacto con el semen del hombre. Los condones son recomendables para proteger contra enfermedades de transmisión sexual en prácticas de sexo oral, y si son saborizados, pueden inclusive mejorar la experiencia para quien realiza la felación.

Respecto al olor, ¡es tan sencillo como bañarse juntos, aprovechando este momento como juego previo a la felación! Utiliza el jabón como lubricante y mastúrbalo mientras lo dejas limpiecito limpiecito limpiecito. Te aseguro que no se va a quejar… Y las arcadas, bueno, ese tema lo vamos a manejar en detalle un poco más adelante, cuando hablemos de felaciones profundas… pero estate tranquila, que ¡también tiene arreglo! Así que teniendo en cuenta que en realidad no hay excusas válidas para no disfrutar del sexo oral, trabajemos en tener una buena actitud al respecto y pasemos a aprender algunas técnicas importantes para su realización.

Una buena felación abarca mucho más que solamente su pene. A pesar de que el pene contiene tejido eréctil altamente sensible, hay numerosas zonas excitables en el cuerpo de un hombre. Muchas personas pecan al concentrarse exclusivamente en el pene del hombre, en vez de masajear y estimular oralmente toda su zona genital. Muchos hombres, por ejemplo, disfrutan cuando su escroto y testículos son lamidos, acariciados, o suavemente halados durante el sexo oral.

Otro tipo de estimulación muy disfrutada es la que se efectúa sobre el perineo, el pliegue de piel que se extiende desde los testículos hasta el ano. Esta zona se vuelve muy sensible cuando el hombre se excita sexualmente. Puedes masajear o lamer el perineo rigurosamente, sobre todo cuando él esté a punto de eyacular, para proveer una gran ola de placer. También puedes masajear su próstata durante el sexo oral. Esto lo lograrás penetrando su ano con un dedo bien lubricado, y palpando hacia el frente de su cuerpo. Una vez sientas la protuberancia que es la próstata, puedes masajearla a la vez que continúas lamiendo y chupando su pene con tu boca. La estimulación prostática es increíblemente placentera para casi todos los hombres que se aventuran en su práctica.

El mismo pene tiene áreas específicas que son especialmente sensibles a la estimulación oral. Primeramente está el frénulo. Ésta es, posiblemente, la zona más sensible del pene; está ubicado justamente debajo del glande (la cabeza) del pene, en su lado inferior. Otras zonas muy sensibles son el glande en su totalidad, la base del pene y la línea de piel que baja desde la bolsa testicular hasta la cabeza del pene. Si te concentras en lamer o chupar alrededor de estas áreas, vas a estar bastante bien.

Una vez tengas el pene en tu boca, hay algunos puntos que debes tener en mente:

- La mayoría de los hombres no disfrutan al sentir tus dientes raspándoles el pene. Si no eres cuidadosa, podrías inclusive rasgar su piel. Se recomienda que cubras tus dientes con tus labios cuando quieras ejercer presión sobre el pene. De otra manera, debes abrir tu boca ampliamente para evitar ese roce doloroso y no deseado.
- La lubricación es sumamente importante para el sexo oral. Despreocúpate por estar "demasiado babosa". Mientras más lubricación, mejor. Además, la saliva suele secarse rápidamente, así que querrás asegurarte de continuar produciendo mucha en tu boca.
- Al igual que las mujeres, los hombres aumentan su excitación cuando se crea expectativa. Acaricia otras partes de su cuerpo y excítalo bien antes de tomar su pene en tu boca.

Lame su barriga y luego pasa a sus muslos internos... todo antes de tan siquiera tocar su pene.

- Si practicas sexo seguro, se recomienda que uses condones sin lubricación para que luego puedas añadir un lubricante saborizado a tu gusto. La lubricación del condón suele tener mal sabor a menos que, de entrada, te hayas encargado de comprar condones saborizados.

- Las mujeres tienden a subestimar la presión que pueden ejercer sobre un pene excitado y erecto. No tengas miedo de chupar y masajear con firmeza.

- Varía las caricias orales. Lame, mordisquea, sube y baja sobre el tronco del pene, golpea el glande con tu lengua... sé creativa.

- No dejes de usar tus manos. No sólo para acariciar otras partes de su cuerpo, sino para estimular su pene. Si te cansas, tu mano puede continuar. Y mientras tu boca se concentra en la cabeza de su pene, él se sentirá completamente acariciado si tu mano se encarga de la base y el tronco.

- Regálale un banquete visual: deja las luces prendidas y, si tienes el pelo largo, átalo hacia atrás para que pueda ver lo que haces. Si te sientes atrevida y seductora, míralo fijamente a los ojos mientras lo felas.

Felación profunda

La felación profunda es motivo de intensas fantasías para muchos hombres y mujeres, sobre todo después de hacerse popularmente famosa en la década de los 70 con el clásico del cine porno, *Deep Throat* ("Garganta profunda"). Sin embargo, es una práctica que sí requiere de una técnica determinada para poder realizarse correcta y cómodamente.

En primer lugar, es muy importante que quien realiza la felación vele cuidadosamente el ángulo en que se encuentra su garganta en el momento de acaparar el pene en su boca. Una posición sexual cómoda en la que la garganta quede derecha y abierta es fundamental para que la penetración oral pueda ser profunda. Busca que el cuello quede estiradito y alargado en vez de que la barbilla quede rozando el pecho (como cuando se inclina la cabeza hacia el frente).

Otro tema a considerar es que la persona que practica la felación profunda es, necesariamente, quien debe controlar los movimientos de esta actividad sexual. ¿Por qué? Pues es muy sencillo: quien realiza la felación profunda es quien puede sentir incomodidad en el acto, y estando en control de los movimientos sabrá instintivamente cuándo se siente preparado(a) para ir profundizando la penetración oral y cuándo prefiere tomar un descanso o esperar un poco más para continuar.

Siguiendo con este tema, es menester no intentar esta variación del sexo oral a toda prisa y sin preparación; sobre todo cuando se es principiante o no hay mucha experiencia. Debe avanzarse poco a poco y tomar el tiempo necesario para sentirse cómodos y poder disfrutar así de la penetración profunda. También es importante que no se te olvide respirar, y que la respiración debe hacerse por la nariz solamente. Parece lógico, pero muchas personas tienen dificultad manejando respiración nasal durante los juegos sexuales, y en esta práctica particular, donde la boca ya resulta estar ocupadita, hace una gran diferencia... ya verás.

Por último, llegamos al temita más candente del sexo oral profundo: qué hacer para evitar las arcadas tan desagradables que a menudo lo acompañan. Debes saber que estas arcadas son perfectamente normales y que suceden porque es un reflejo del cuerpo. Ahora sí, ya sabiendo que se trata sencillamente de un reflejo, la técnica a recordar es no interrumpirlo. No trates de evitar el reflejo de arcadas, sino al contrario, realiza la acción de *tragar*.

Variedad en el sexo oral

Existen varias alternativas que puedes incorporar para añadir variedad a tus juegos orales. Intenta aplicar diferentes patrones, tanto en el tipo de estimulación, en los ritmos, en la forma de utilizar la lengua y los labios, en la velocidad de las caricias, agregando pausas y proponiendo éstas como parte del juego. La combinación del sexo oral con el estímulo visual que genera la práctica, hace que las miradas alcancen también importancia superlativa.

La variedad provoca mayor deseo. Al igual que sucede en otras actividades de índole sexual, es fácil que el sexo oral se convierta en un acto rutinario, donde tu compañero puede predecir cada paso que estés a punto de tomar. El "elemento sorpresa" te será muy útil para mantenerlo interesado y excitado.

¿Por qué no añadir "condimentos" a tus relaciones orales? Algunas parejas disfrutan muchísimo de jugar con crema batida o miel, por ejemplo. Es también una buena idea para aquellas personas que no se aventuran por parecerles desagradables los sabores genitales de su pareja. Además, como ya comenté, ¡existen lubricantes pensados expresamente para que los probemos! Piensa en sexo oral con saborcito a vainilla, chocolate, bananas, maracuyá, piña colada… ¡Mmmmm! Ahora sí, si te animas a probar lubricantes saborizados, recuerda que tanto la vulva como el glande son sumamente sensitivos y podrían tener alguna reacción adversa a estas sustancias. Por lo tanto, se recomienda que experimentes poco a poco.

No olvides tus dedos y tus manos, alterna la actividad oral con estimulación manual a los genitales. No correrás el riesgo de cansarte tan rápido, y podrás proveer sensaciones más fuertes e intensas. También sería interesante agregar tus sonidos, a fin de darle pequeñas vibraciones a los genitales de tu pareja. O cambiar la temperatura drásticamente: un cubito de hielo será sinónimo de gran excitación.

Como en todo lo relacionado con la sexualidad, la imaginación y la creatividad son tus aliados. Ahí encontrarás las herramientas para hacer de tus encuentros íntimos lo más placenteros posibles. Y si de imaginación se trata, no podemos dejar fuera las variantes más comunes en cuanto a posturas para el sexo oral... las mismas clásicas del cunnilingus pueden ser muy fácil y exitosamente traducidas a la experiencia de la felación.

Bueno, con todos estos tips y toda la práctica que seguramente comiences a tener, estoy segura de que podrás manejarte con más facilidad en el arte avanzado del sexo oral. ☺ Recuerda siempre que, como con todo, es cuestión de que tu expresión sexual sea responsable, saludable y placentera. Si comienzas a intentar la penetración profunda y te parece incómoda o poco estimulante, sencillamente no es para ti. No te rompas la cabeza pensando que tienes que disfrutar y/o hacer TODO... el sexo tiene muuuuuchas variantes interesantes para el placer. Experimenta un poco, y escoge aquellas cosas que más llaman tu atención. Y, sobre todo, ¡pásala bien!

Anilingus

Anilingus proviene de las palabras en latín *anus* (ano) y *lingus* (lamer), y simplemente alude a la estimulación oral del ano.

A pesar de no ser una práctica muy comentada, por las obvias asociaciones con suciedad que suelen formularse, muchas personas disfrutan de ella puesto que el área externa del ano tiene muchísimas terminaciones nerviosas que resultan placenteras tanto para hombres como para mujeres. También es atractivo para quienes buscan expresar su amor y aceptación hacia el otro mediante su práctica. El anilingus envuelve la aceptación y el disfrute de una parte del cuerpo que a menudo no es aceptada; de hecho, una parte del cuerpo que generalmente se rechaza. Por lo tanto, la práctica de sexo oral al ano se convierte en una manera de decir "te quiero completo/a", y "soy completamente tuyo/a". Este nivel de aceptación mutua es un poderoso factor de excitación para muchas personas.

Sin embargo, es muy importante resaltar que ésta es una práctica sexual que SIEMPRE debe practicarse con protección. En el caso del anilingus, como cuando se le practica sexo oral a la mujer (cunnilingus), debe utilizarse un método de barrera, como un *dental dam* (presa dental), o un pedazo de látex para prevenir que se transmitan enfermedades o infecciones que tan fácilmente se propagan por vía anal. Si no tienes acceso a una presa dental, te recomiendo que tomes un condón seco o un guante de látex, y lo abras con unas tijeras para crear una barrera casera.

Hay parejas que practican el anilingus sin protección alguna, pues están en relaciones estables y monógamas donde entienden que no hay riesgo de contagio de virus ni parásitos. No obstante, siempre está la posibilidad de que se transmitan bacterias digestivas, por lo que se recomienda también que haya muy buena higiene anal, incluso utilizan enemas para eliminar residuos fecales en el recto.

Teniendo en cuenta las precauciones mencionadas, les comento algunos tips respecto a la técnica para el anilingus:

- Tómenlo con calma. Generalmente se disfruta más del anilingus si el acercamiento al ano es lento. Masajea, besa y lame la espalda baja, los muslos, las caderas y las nalgas de quien recibe la estimulación oral-anal antes de llegar directamente al ano. Como sucede con todo tipo de sexo oral, la anticipación aumenta el erotismo del acto.
- Usa tus labios: besa el ano de tu pareja, así como la piel que lo rodea.

- Usa la parte plana de tu lengua: presiónala contra la apertura anal de tu pareja.
- Usa la punta de tu lengua: juega con ella alrededor del ano de tu pareja, penetra su ano levemente, haciendo movimientos de bombeo, y haz circulitos con ella alrededor de la apertura anal.

Algunas de las mejores posturas para la realización del anilingus son:

- *De codos y rodillas*: La persona que recibe el placer oral-anal asume la posición típicamente utilizada para la penetración posterior (la posición del perrito), mientras que su pareja se arrodilla o acuesta detrás de ella.

- *Parados y doblados*: La persona que recibe está de pie, doblada a la cintura, mientras que su pareja se arrodilla, sienta o ñangota detrás de él/ella.

- *Acostados boca arriba*: Quien recibe se acuesta boca arriba, con sus rodillas contra el pecho, mientras que la pareja se echa boca abajo. Ayuda colocar un almohadón debajo de las caderas de quien recibe el anilingus, para facilitar el acceso al ano por parte de su pareja.

- *El "69"*: En comparación con la estimulación oral-genital, el anilingus mutuo requiere más flexibilidad física, pero aun así muchas parejas prefieren esta postura para el juego oral-anal.

Independientemente de si decides con tu pareja practicar el anilingus o no, la mera discusión del tema puede ayudar a profundizar la intimidad que comparten. Aprenderán más uno del otro respecto a lo que están dispuestos a intentar y experimentar sexualmente. Al fin y al cabo, estas discusiones les ayudarán a sentir mayor cercanía emocional y a experimentar más plenamente aquellos placeres sexuales que ambos disfruten.

Razones para practicar el sexo oral

SATISFACCIÓN

No necesitas una razón particular para disfrutar del sexo oral. Que ambas personas estén interesadas es ya una razón suficiente. Sin embargo, hay otros motivos que tal vez no hayas considerado, y posiblemente desees considerar en un futuro. Un hecho al que nos referiremos continuamente es que muchas mujeres "aman" el tener la boca de un hombre en su clítoris, y en una menor proporción, la lengua sobre su vagina. Muchas mujeres consideran esta práctica como la perfecta en el juego previo al coito. De hecho, para muchas mujeres las sensaciones físicas de este acto resultan más placenteras que el propio coito.

CONTROL DE CONCEPCIÓN

Para las parejas jóvenes (o aun maduras) que quieren evitar el embarazo, el sexo oral es una combinación estelar de un 100% de contracepción efectiva, junto con una gran carga de placer. Por supuesto, la obvia pretensión aquí es que el sexo es algo más que un acto reproductivo.

DESPUÉS DE DAR A LUZ

Una vez más, dependiendo de las preferencias de la pareja, si ambos sienten la urgencia erótica y el deseo de compartir, el sexo oral puede reanudar muy bien la intimidad posparto.

DIFICULTADES ERÉCTILES

Cuando un hombre, por la razón que sea, experimenta dificultades eréctiles (sin lograr la erección del pene), el sexo no debe terminar. Cabe recordar que el sexo oral es TAN satisfactorio para muchas mujeres, ¡que lo prefieren por sobre el acto sexual!

PLACERES COITALES

La penetración vaginal es la práctica que, según la definición popular, se asocia a la idea de "tener sexo". A pesar de ser una definición increíblemente estrecha de lo que compone la actividad sexual en pareja, la verdad es que cuando alguien nos dice que fulano y zutana tuvieron relaciones sexuales, típicamente no pensamos en que fulano y zutana se masajearon eróticamente durante horas, ni que disfrutaron de una relación oral sin igual… asumimos que existió penetración vaginal. Tanto es así, que cuando el ex presidente estadounidense Bill Clinton quiso zafarse de su escandalosa relación íntima con Mónica Lewinsky, legalmente pudo decir que no tuvo relaciones sexuales con ella, puesto que, según el habla popular actual, tener "relaciones sexuales" implica que exista penetración pene-vagina, y él nunca la penetró vaginalmente con su pene (sólo con cigarros). ☺

Más allá de no concordar con que "sexo" únicamente se define como "penetración pene-vagina", tampoco quiero restarle importancia a los placeres coitales y, por lo tanto, les dedico este capítulo. La actividad sexual coital es muy importante, puesto que provee la posibilidad de que seamos sumamente creativos e impartamos mayor variedad a nuestros juegos eróticos. Aquí podemos, literalmente, ver nuestra creatividad e ingenio… ¡en plena acción!

Sin embargo, el grado de seguridad para liberar toda nuestra creatividad coital depende de varios factores. A muchas mujeres, como ya comentamos, las preocupaciones sobre la imagen corporal —particularmente cuando ponemos nuestro cuerpo en determinadas posturas— las cohíben a la hora de poner en práctica algunas posiciones. En otras mujeres está la idea de que si sugieren intentar una nueva postura, puedan ser juzgadas negativamente o percibidas como insatisfechas en la relación que llevan con su pareja.

Existen más de 600 posturas coitales documentadas, lo que no quiere decir que necesariamente tengas que convertirte en especialista de cada una de ellas. La verdad es que todas las variantes de posturas surgen de unas pocas básicas, que pasaremos a detallar en un ratito.

Es importante recordar que distintas posturas le sirven a distintas parejas, ¡por un sinnúmero de razones! La estatura, forma física, fuerza y flexibilidad de cada cual hacen que algunas posturas sean ideales mientras que otras no satisfagan para nada. Hace falta ser ingeniosos, pacientes y manejarnos con absoluta confianza en la pareja para poder descubrir y experimentar con aquellas posiciones que les plazcan a ambos, así como simplemente darnos cuenta de que, en temas de sexo, lo más delicioso suele ser aquello que justo nos apetezca y tengamos ganas de hacer con entusiasmo. Y para ayudar un poco a desatar ese espíritu creativo que está dentro de cada cual, revisemos algunas posiciones sexuales populares.

El misionero

Esta clásica y popular postura sexual es la que encuentra al hombre posicionado sobre la mujer. Dicen por ahí que en la época de la colonización, cuando los europeos enviaron misioneros a "civilizar" las nuevas colonias, éstos consideraban que la única manera digna y respetable de sostener relaciones coitales era cuando la mujer se postraba boca arriba y su pareja masculina se colocaba sobre ella para penetrarla.

La postura del "misionero" resulta muy popular por su facilidad y comodidad. De hecho, es la clásica postura en la que casi todos nos iniciamos sexualmente. Tiene como gran ventaja el hecho de que te posiciona frente a frente con tu pareja durante el acto coital, permitiendo que se miren, hablen y besen. Muchas mujeres preocupadas por su peso o su figura (casi todas, ¿no?) la consideran una favorita porque al estar acostadas boca arriba se aplana la barriga, no aparece ni medio chichito o rollito, parecemos estar más delgadas, y desaparece la apariencia de arrugas en la cara... ¡casi por obra de magia!

Sin embargo —a pesar de tener beneficios romanticones y estéticos— la mujer no tiene mucho control de sus movimientos y, por lo tanto, resulta una postura técnicamente mejor para el placer sexual masculino que el femenino. Por lo tanto, será importante que implementes algunas variaciones que ayudarán a maximizar tu placer. Por ejemplo, si colocas un almohadón debajo de tus nalgas y dejas tus piernas relajadas sobre la cama, tu pelvis se eleva de manera que el clítoris queda más expuesto y esto aumenta el contacto de tu clítoris y su pene. Veamos algunas otras variantes...

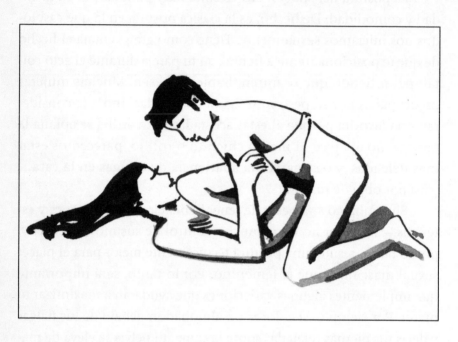

Dobla tus rodillas y llévalas hacia tu pecho. Aquellas
mujeres que recién empiezan sus clasecitas de yoga y no
están muy flexibles todavía, pueden facilitar esta movida
sosteniendo sus piernas por detrás de la rodilla con sus
brazos, para entonces, con la ayuda de los brazos, acercar
las piernas a su pecho. Esta variante hará que la
penetración sea más profunda y que se pueda estimular el
Punto G con cada bombeo coital.

Levanta una pierna y, de acuerdo con tu nivel de
flexibilidad, súbela contra tu pecho, engánchala alrededor
de su espalda o descánsala contra su hombro mientras la
otra pierna queda estiradita. Este juego posicional altera
el ángulo de la penetración, generando a su vez nuevas y
distintas sensaciones. Además, la variante donde
descansas tu pierna sobre el hombro de tu pareja permite
que acaricies tu clítoris manualmente
durante la penetración.

Si eres lo suficientemente flexible como para levantar
ambas piernas y colocarlas sobre cada uno de sus
hombros, recibirás una penetración sumamente profunda.
Acá tendrás muy poco control sobre el ritmo penetrativo
y los movimientos pero, al tener él este control, si es
eyaculador precoz tiene la posibilidad de encargarse
solito de detenerse cuando está demasiado excitado
y resulta necesario.

Ésta es otra postura buenísima para chicas flexibles.
Levantas ambas piernas y colócalas juntitas sobre uno
de sus hombros. Tus piernas quedan cerradas y esto
aumenta la fricción. Si quieres matarlo, levanta tu pelvis a
la vez que recibes cada penetración y mueve tus caderas
de manera circular. Simultáneamente concéntrate en
apretar tus músculos pubocoxígeos,
para generar aun más fricción.

Para esta variación, él debe arrodillarse y casi sentarse sobre sus tobillos. Tú estás acostadita, con tus rodillas dobladas. Entonces, él se acerca, levanta tus nalgas y te penetra. Esta postura es genial porque al estar él levantado sobre sus tobillos, ambos tienen oportunidad de disfrutar mucho más del banquete erótico visual que proveen sus cuerpos. Además, se genera espacio y facilidad para estimular manualmente el clítoris, ya sea con su mano o con la tuya...

La mujer encima

Ésta es, sin duda alguna, la postura predilecta de aquellas mujeres que no quieren perderse una relación coital explosivamente deliciosa. Esta posición, contrariamente a la del misionero, nos pone en poder. Básicamente, el principal atractivo es que la mujer controla la profundidad, el ángulo y el ritmo de la penetración... ¡y esto no es poca cosa! Cuando una mujer tiene una pareja con un pene grande, es incluso necesario permitirle a ella llevar las riendas de la relación, de manera que pueda ajustar la penetración para que no se torne incómoda ni dolorosa. Además, se facilita muchísimo la estimulación manual del clítoris, es fácil acceder al Punto G, y hay un fuerte estímulo erótico por la sensación de poder que se genera con relación a la pareja.

Para los hombres resulta también una postura buenísima, ya que pueden aprovechar la pasividad que les provee para tomar un descansito y realmente enfocar en el aspecto visual de su pareja. Pueden, además, aprovechar el hecho de que no se están sosteniendo sobre sus manos para poder utilizarlas en las caricias a los senos, caderas, clítoris, nalgas, etc., de la mujer. También, al no manejar a su gusto el ritmo y la profundidad de la penetración, se facilita la posibilidad de estar más tiempo sin eyacular.

Teniendo en cuenta que la posición de la mujer arriba puede realizarse sentados, en cuclillas o acostados, dependiendo del nivel de flexibilidad, fuerza, vigor y gusto de la pareja, veamos las siguientes variaciones:

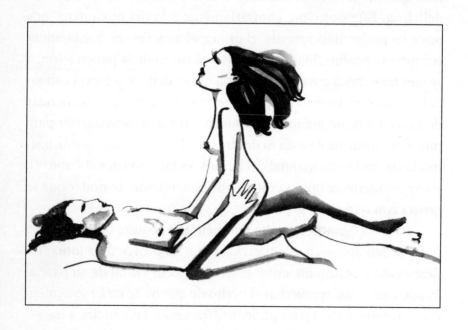

Si directamente te sientas sobre tu pareja y desciendes
sobre su pene, manteniéndote perpendicular a su cuerpo
acostado, podrás tener todos los beneficios de las manos
desocupadas de tu compañero, de manera que éste
pueda acariciar tu cuerpo simultáneamente a la
penetración. Si te reclinas hacia atrás, lograrás
uno de los mejores ángulos disponibles para
la estimulación directa del Punto G.

Acerca tu cara a la suya y sostente sobre tus brazos
mientras mantienes tus piernas rectas sobre las suyas.
El posicionamiento de tus piernas generará una fricción
genial que potenciará su erección e, incluso, ayudará en
caso de que él no esté manteniendo muy firme su
erección. La penetración, a pesar de ser llanita, potencia
muchísimo la estimulación del clítoris.

Para esta variante, coloca tu cuerpo sobre el suyo, mirando hacia los pies de tu pareja. Una vez que te haya penetrado, puedes inclinarte hacia el frente —estabilizándote con tus manos en sus tobillos—, de manera que varíes aun más el ángulo de la penetración y puedas disfrutar de una sensación verdaderamente distinta donde, además, él podrá acariciar y masajear fácilmente tus nalgas y tu ano. En esta posición, será importante que manejes los bombeos de manera vertical, ya que la postura de por sí tuerce un poco la dirección natural del pene. Por lo tanto, si te es más cómodo, puedes también estabilizar tu cuerpo plantando tus pies firmemente a cada lado de sus muslos y usándolos como apoyo para ascender y descender sobre su pene.

En esta otra variante puedes también reclinarte hacia atrás para que tu espalda quede contra su pecho y se vuelvan accesibles tus senos, vientre y clítoris.

Él podrá, por supuesto, levantar su torso para generar el mismo tipo de fácil acceso a tu cuerpo y contribuir con la postura en caso de que no seas muy flexible. Por último, no debes obviar las ventajas que genera esta postura para ti. Por estar dirigida hacia sus pies, se abre la posibilidad de que muy cómodamente puedas brindarle placer a él acariciando sus testículos y perineo.

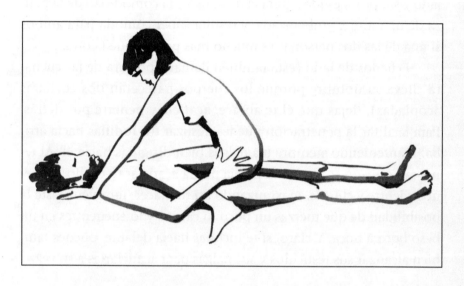

Ponte en cuclillas sobre él, desciende sobre su pene.
Si quieres variar esta postura puedes rotar tu cuerpo y tus
piernas a un lado u otro de su cuerpo. De esta manera,
cambiarás el ángulo penetrativo y el tipo
de estimulación que recibirás.

De ladito

Esta postura se hace muy popular cuando buscamos la comodidad erótica. Piensa en aquellas sesiones sexuales en las que están excitados pero no tienen muchísima energía... tipo 3:00 AM en días de semana. También es buenísima posición para un coito relajado y sin prisa, es ideal para el descanso y la comodidad de la panza de una mujer embarazada, y resulta súper cómoda para ambos si una de las dos personas es mucho más pesada que la otra.

Echados de lado (esta también llamada postura de la "cuchara" lleva su nombre porque los cuerpos parecerán dos cucharas acopladas), dejas que él te abrace, acaricie y penetre por detrás. Para facilitar la penetración puedes deslizar tus rodillas hacia arriba, manteniendo siempre tus nalgas bien dirigidas hacia él. Al tener tan cercano contacto, tu pareja podrá acariciar tu cuello, tus senos, vientre y clítoris, maximizando así tu placer. También existe la posibilidad de que tuerzas un poco tu cabeza y lo encuentres en un beso boca a boca. Y claro, si te inclinas hacia delante, puedes también alcanzar sus testículos y sus nalgas para acariciarlas a su vez.

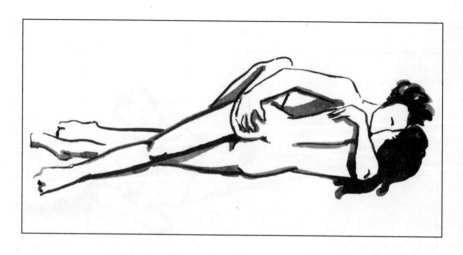

En esta variante de la posición "de ladito", en vez de poner tu espalda contra su pecho, acá lo tienes completamente de frente. Llevas todos los beneficios románticos y de conexión emocional (mirarse a los ojos, besarse, etc.) de la postura del misionero y la mujer arriba, pero con la comodidad física de que nadie tiene que estar sosteniendo el peso de su cuerpo y ambos pueden relajarse.

Entrelazar las piernas durante la penetración puede también llevar esta postura a otra variante, convirtiendo la postura en una "X". Básicamente él estando dentro de ella, cada cual coloca una pierna encima de la del otro y forman una X con las piernas. Las cabezas quedarían en extremos opuestos y pueden utilizar las manos para aguantarse uno del otro y facilitar el llevar un ritmo determinado de penetración.

En esta tradicional "cucharita", tienes dos fáciles opciones para cambiar el tipo de penetración a tu antojo.
Generalmente, esta postura provee una penetración más
llana, puesto que el pene tiene que recorrer un camino
más largo para llegar a tu vagina. Es genial para cuando la
pareja tiene un pene muy largo y provoca incomodidad o
dolor al penetrar muy profundamente. En ese caso, se
recomienda que una vez que te penetre, dejes tus piernas
cerradas y juntitas para provocar mayor fricción y placer.
En cambio, como se puede apreciar en esta imagen,
también está la opción de que levantes una de tus piernas
para que se genere una penetración más profunda;
es ideal cuando su pene no es tan largo.

Por detrás

La llamada posición del "perrito" es una de las más populares entre parejas arriesgadas y liberadas sexualmente. Cómoda, excitante y efectiva para ambos, permite que tanto él como ella puedan perderse en la fantasía, puesto que no están mirando la cara de su pareja permanentemente. Para ella está la excitación agregada de sentirse "tomada" por su pareja, y para él la de estar "tomando" a la mujer. Este juego de poderes resulta sumamente erótico para muchas parejas. Además, él se lleva el banquete visual del contorno posterior femenino, esa línea entre caderas, cintura, espalda y pelo que a tantos vuelve absolutamente locos. Y como si fuera poco, tiene la posibilidad de ver cómo su pene te va penetrando... una fantasía hecha realidad para muchos. La penetración posterior es profunda y muy completa para el placer masculino, y para el placer femenino resulta fácil la estimulación de clítoris para complementar las sensaciones vaginales.

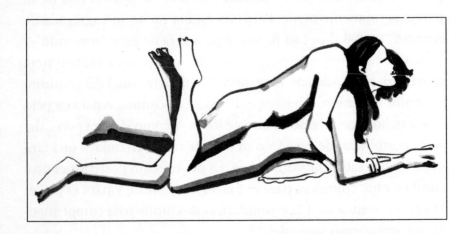

En esta variante de la penetración posterior, puedes colocar almohadones debajo de tus caderas para elevar tanto tu pelvis como tus nalgas. Él se acuesta sobre tu espalda y te penetra por detrás mientras que puede besar tu cuello, acariciar tus orejas con su boca, o·directamente besar tus labios. Sus manos también pueden colocarse sobre tus senos y tú puedes encargarte de frotar tu clítoris contra el almohadón que colocaste debajo de tus caderas, para así maximizar todo tu potencial de placer.

Acá se varía la misma postura de penetración posterior,
colocando al hombre de pie y teniendo a la mujer
arrodillada y sosteniendo el peso de su cuerpo con sus
brazos (manos o codos). En esta posición, por el ángulo
pélvico creado, el clítoris suele tener mayor fricción de por
sí, pero además tanto la mujer como la pareja pueden
acariciarlo directamente con mucha facilidad.

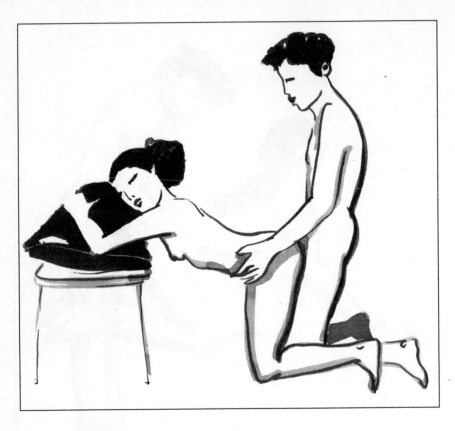

Como podrás ver, la penetración posterior se presta para que seamos súper creativos con el lugar donde optemos sostener la relación sexual. Pueden ambos estar arrodillados, él parado y tú sobre tus rodillas, puedes sostenerte de una silla o un sofá, podrían ambos estar parados y tú recostarte sobre una mesa, y hasta utilizar las escaleras de la casa como locación (muy buena idea si existe una gran diferencia de estatura en la pareja). Todas estas alternativas, sumadas a las miles que estoy segura se te siguen ocurriendo, ayudan inmensamente a la diversificación de la actividad sexual y, por lo tanto, a evitar la tan temida rutina.

Sentados o parados

Tener relaciones sexuales estando ambos sentados provee muchísima intimidad en la pareja, tal cual sucede en las posturas del misionero y de la mujer arriba. Acá, sin embargo, existe mayor igualdad entre las partes, cosa que erotiza emocionalmente a muchas parejas. Más allá de todos los mimos románticos que se pueden generar naturalmente en este tipo de postura, resulta muy agradable visualmente para ambos poder mirar sus cuerpos y ambos poder mirar directamente la penetración. Para el placer femenino está, como siempre, la facilidad de que se estimule directamente el clítoris con la mano e, incluso, la posibilidad de que el hombre tome su pene y lo utilice para acariciar el clítoris y los labios vaginales de su pareja.

La variante de estar parados tiñe con un poco más de erotismo la actividad sexual. Da la sensación de no poder contenerse para llegar al suelo o para aferrarse de algún mueble o algo que haga más cómoda la relación coital y esto, por supuesto, suma muchísimo al placer derivado de esta postura. Veamos algunas alternativas:

La clásica postura sentados frente a frente, como símbolo
de la intimidad emocional e igualdad de las partes.
Es precisamente la postura más conocida dentro de
las prácticas de sexo tántrico, donde se busca conectar
con la pareja a nivel emocional y espiritual.

En esta variación, se altera el velo romántico por uno mucho más erótico. Él se sienta sobre una silla y ella desciende sobre su pene, dándole la espalda. Al no quedar frente a frente, ella puede encargarse de tocarse a sí misma o compartir esas deliciosas labores con su pareja. Es la perfecta postura para colocarse frente a un espejo y ambos disfrutar de la imagen que están creando.

Cuando se tiene la intención de sostener relaciones penetrativas de pie, es importante tener en cuenta la estatura y el peso de la pareja. Acá se puede dar una situación donde la mujer sea directamente cargada por su pareja mientras él la penetra, pero obviamente entra en juego la condición física de ambos, la fortaleza física de él y el tamaño de cada cual. En esta imagen vemos una variante para aquellas personas que no tienen tanta fuerza, ganas o energía como para estar cargando a la pareja. Se recomienda que el hombre abra sus piernas un poco de manera que no pierda el balance y, claro está, siempre ayuda que se puedan apoyar contra una pared. Si son de estaturas similares, el hecho de que él abra las piernas para buscar balance ayudará a que ella quede un poco más alta que él y esto facilitará la penetración. La mujer puede levantar una pierna y dejar la otra apoyada en el suelo de manera que tenga también la posibilidad de ser más activa en llevar el ritmo de la penetración en sintonía con su pareja.
¡Un verdadero trabajo en equipo!

PLACERES ANALES

Sexo anal

La erotización del ano es, sin duda, el juego sexual más tabú de los que se practican comúnmente. Durante mucho tiempo ha sido fuente de incomodidad y vergüenza social, pero realmente no hay ningún motivo para sentirnos avergonzados o incómodos con los placeres anales. Tanto hombres como mujeres, hetero y homosexuales, solteros o en pareja, practican y disfrutan plenamente de las sensaciones eróticas provocadas por la estimulación anal.

Cuando se habla del sexo anal, la mayor parte de las personas piensa inmediatamente en la penetración anal, sin saber que ésta es la menos practicada de todas las variantes de estimulación al ano. Me explico: estimulación digital, uso de juguetes y anilingus (sexo oral-anal) son prácticas mucho más comunes, puesto que la superficie externa del ano está repleta de terminaciones nerviosas que, bien estimuladas, proporcionan muchísimo placer para quien recibe una simple caricia o masaje a la zona.

Por supuesto, tanto la estimulación externa al ano como la penetración anal requieren que quien las practique sienta gran comodidad con su cuerpo y se encuentre preparado/a para la experiencia.

Por lo tanto, es imprescindible la buena comunicación en pareja para incursionar en estos juegos. Pregunta y entérate de sus pensamientos al respecto. Si tu pareja se opone, respeta siempre su postura. Si se muestra ignorante sobre el tema, acompáñalo a instruirse mejor. Una vez que conozca más, es posible que se muestre más receptivo/a a integrar el juego anal en la relación. Si estos juegos le llaman la atención, y son fuente de pensamientos eróticos para él/ella, prepárense juntos para que la experiencia pueda ser divertida y placentera, manteniendo siempre la salud sexual como prioridad. Muchas personas tienen curiosidad por el sexo anal pero temen comentarlo a sus parejas por miedo a ser rechazados o porque están convencidos de que sus parejas ni siquiera lo considerarían. La verdad es que nunca sabrás hasta que preguntes… ☺

Es posible que aun cuando ambos estén de acuerdo en su interés por disfrutar del sexo anal, existan mitos y mucha incertidumbre. Aclaremos algunos de los más habituales para entonces repasar las indicaciones principales del juego:

- *Sólo gente perversa y extraña tiene sexo anal.* Tal y como ya explicamos, el sexo anal es practicado y disfrutado por mujeres y hombres de todo tipo. La noción de que el sexo anal es anormal o perverso se basa en la asunción de que sólo algunos tipos muy específicos de sexo —contacto pene-vagina con fines procreativos, de los viernes a las 8 PM con las luces apagadas, en la posición de la misionera y en la cama matrimonial— son naturales, normales y convencionales. Esta estrecha definición claramente no otorga espacio para la validez del sexo anal como una opción más de placer sexual.

- *El ano y el recto no deben ser erotizados.* El ano y el recto están llenos de terminaciones nerviosas muy sensibles, y la estimulación del ano y la penetración del recto pueden ser intensamente placenteras —y orgásmicas— tanto para el hombre como para la mujer. Básicamente, el ano viene equipado para ser erotizado.

- *El sexo anal es sucio.* Siempre y cuando se mantenga una buena higiene, el sexo anal no es más sucio que otros tipos de expresión sexual. Como regla general, existe sólo una muy pequeña cantidad de materia fecal en el canal anal y el recto. Algunas personas prefieren bañarse antes de sostener relaciones anales para asegurarse de haber lavado bien el área y sentirse más frescos. En verdad, es todo lo que se necesita hacer. Más allá que eso, hay quienes utilizan enemas, pero esto realmente no es necesario.

- *La penetración anal es la práctica sexual más importante para una pareja masculina homosexual.* A pesar de que, efectivamente, muchos hombres homosexuales practican la penetración anal, las felaciones son muchísimo más frecuentes. Cuando se incurre en juegos anales, es más frecuente que se practique la estimulación manual u oral del área mientras se masturba o fela a la pareja.

- *La penetración anal siempre provoca dolor a quien la recibe.* Con deseo, relajación, buena comunicación, confianza y mucha lubricación, la penetración anal no sólo no es dolorosa, sino que puede ser excitante y orgásmica. Si la penetración anal está provocando dolor, es una señal del cuerpo de que la actividad debe, al menos, detenerse hasta tanto se deje de sentir dolor.

Una vez que exista comodidad con la idea de jugar con el ano, es imprescindible comenzar con calma. Busca un lubricante que les guste y comienza con caricias suavecitas en la región externa del ano. Si te sientes incómodo/a o tenso/a, cesa las caricias por unos minutos e intenta relajarte hasta que te sientas preparado/a para experimentar un poquito más. Muchas personas disfrutan la sensación de que se les penetre el ano lentamente con un dedo. El ano también puede ser estimulado oralmente, así como con juguetes sexuales como los consoladores y vibradores anales. El truco con éstos es siempre utilizar mucho lubricante y nunca penetrar nada en el ano que no tenga una base que lo mantenga en sitio; créeme que lo menos que querrás es tener que salir corriendo a la sala de emergencias porque se te "perdió" tu vibrador…

A continuación, examinemos algunos puntos importantes a considerar para que la penetración anal pueda darse sin ningún tipo de complicación:

- *Relájate*. El ano tiene dos esfínteres, uno encima del otro. El esfínter externo responde a control voluntario mientras que el interno es involuntario. Si tratas de forzar la entrada al ano muy rápido, esa contracción involuntaria resultará en un fuerte dolor, familiar a todos aquellos que han intentado el juego anal a toda prisa. En cambio, respira profundamente, y concéntrate en relajar tus esfínteres anales. Una vez haya comenzado la penetración, si sientes la contracción involuntaria del esfínter interno, detente un momentito hasta que se relaje la contracción.

- *Lubrícate*. El ano no produce ninguna lubricación natural, por lo que debes siempre utilizar un lubricante artificial a base de agua (para que no afecte la integridad del condón), de consistencia pesada, y sin espermicida, ya que puede irritar el tejido anal. No recomiendo el uso de lubricantes anestésicos porque, al restar sensibilidad al ano, la persona que recibe la penetración no podrá definir correctamente si se está haciendo daño con la penetración o no. El dolor tiene su propósito y si te permites sentirlo, de aparecer, es la señal que tu propio cuerpo te envía para que tomes un descansito, relajes bien tus esfínteres anales, y entonces prosigas con precaución.

- *Respeta tu anatomía.* El recto no provee un canal de entrada derechito… se orienta hacia el frente del cuerpo; los primeros 7,5 centímetros, entonces vira en dirección a la espina dorsal unos 5 centímetros más y luego hacia el frente nuevamente. Por lo tanto, la penetración debe, sobre todo inicialmente, darse suave, lenta y cuidadosamente.

- *Usa tu sentido común.* Si optas por utilizar juguetes o artefactos artificiales para penetrar el ano, es bien importante que éstos sean lisos y que no tengan bordes duros. Voy un poco más allá. ÚNICAMENTE debes usar juguetes eróticos diseñados expresamente para la estimulación anal. Por más que siempre me gusta aplaudir la creatividad en términos de la experiencia sexual, en este sentido particular no es buena idea que te pongas a inventar. Olvídate del uso de vegetales, bombillos, cepillos, palos u otros artefactos caseros que se te podría ocurrir incluir en tus juegos anales. Recuerda que el tejido del recto es sumamente delgado y puede rasgarse con mucha facilidad… y "¡ouch!", eso no es nada cool.

- *Comienza con un dedito.* Lubrica bien el ano y el dedo. Concentra en la respiración. Inhala mientras contraes tu músculo PC, y exhala relajando el mismo músculo. Mientras exhalas, puja suavemente y permite la entrada del dedo al ano muy lentamente. Deja el dedo allí un ratito y respira profundamente hasta acostumbrarte cómodamente a la sensación generada. Repite hasta que hayas podido lograr una agradable entrada al ano.

- *Mantente excitada/o.* Es muy importante que mantengas tu cuerpo en alto estado de excitación, sobre todo si se están tomando todas las medidas y precauciones que estamos comentando, de manera que no se pierda la magia erótica del momento. Estimula otras partes del cuerpo; la estimulación clitoridiana o peneana combinadas con el juego anal por lo general son absolutamente explosivas.

- *Control de movimientos.* La persona que recibe la penetración anal debe siempre mantener el control de la penetración, sobre todo durante el comienzo de ésta. Una vez que haya comodidad, apertura y relajación suficiente, quien recibe puede avisar a quien penetra que puede asumir control del movimiento.

- *Comunícate.* Es muy importante que la comunicación se mantenga durante el juego anal. Si algo te resulta molesto o incómodo, debes dejárselo saber enseguida a tu pareja. También es fundamental recordar que debes detenerte de inmediato, y comunicarle a tu pareja si algo te provoca dolor.

El sexo anal puede realizarse en un sinnúmero de posturas creativas, pero las más comunes y eficientes son las siguientes:

- *Misionera*. Esta tradicional posición sexual tiene a la persona que recibe la penetración acostada sobre su espalda con la persona que penetra encima. En el caso del sexo anal, la persona que recibe debe subir sus rodillas hacia el pecho, para levantar un poco las nalgas. También se recomienda que se coloque una almohada bajo las nalgas para hacer un tanto más fácil la penetración. La gran ventaja de esta posición es que la pareja queda de frente, facilitando la comunicación verbal y no-verbal entre ellos; además, se facilita la estimulación de otras partes del cuerpo, como pezones o cuello, por ejemplo. Su principal desventaja es que en este caso es muy difícil que la persona que recibe la penetración pueda estar en control de los movimientos. Por lo tanto, no se recomienda si no hay mucha experiencia y buen conocimiento de la facilidad que exista para relajar esfínteres anales y sostener una relación placentera y libre de cualquier molestia.

- *Pareja receptiva arriba*. En esta postura, la persona que recibe la penetración puede controlar fácilmente el ángulo y la profundidad de la penetración. Al igual que en la posición misionera, la comunicación se ve facilitada, y existe facilidad de acceso a otras zonas erógenas a estimularse durante el juego sexual. Para la persona que penetra, ésta resulta una buenísima postura porque pueden disfrutar visualmente del cuerpo y la experiencia de su pareja, quien es penetrada.

- *Perrito*. Esta posición de penetración posterior es, seguramente, la que primeramente nos imaginamos al pensar en penetración anal. En esta postura, la persona que recibe la penetración se sostiene sobre manos y rodillas con su pareja penetrándole por detrás. Esta posición hace que el recto esté en su posición más derechita, permitiendo buena profundidad de penetración para la pareja, y también el control de movimientos a quien recibe (si es una mujer, se facilita el contacto manual con su clítoris).

• *Cucharitas*. En esta postura, ambas personas están acostaditas de lado, mirando hacia la misma dirección. Es una postura cómoda, flexible y fácil de manejar, y provee buen control de ángulo y profundidad de penetración para ambos. Resulta la posición ideal para aquellas parejas que difieren mucho en tamaño.

23. Las velas no son sólo para crear una ambientación romántica. Acerca la vela prendida y deja caer un poco de cera sobre su piel... el intenso calor puede provocarle eróticas sensaciones.

24. Derrite un cubito de hielo sobre la piel de tu pareja durante el juego previo... y luego asegúrate de no dejarlo con frío. ☺

25. Usa diferentes texturas para acariciar la piel de tu amado. Gamuza, piel, encajes, goma, seda... cada una provee sensaciones muy particulares.

26. Usa tu cuerpo como lienzo, y déjale crear una obra de arte sobre ti con la ayuda de un pincel, sirope de chocolate y crema batida...

27. Permítete disfrutar de tu propio placer erótico. No le niegues el placer de enterarse de lo mucho que te gusta y lo bien que la estás pasando.

28. ¡A gemir se ha dicho! La mayor parte de las personas se excita muchísimo al escuchar los gemidos de su pareja.

29. Enséñale exactamente cómo te gusta que te toquen. Coloca tu mano sobre la suya y sírvele de guía...

30. ¡A dormir se ha dicho! La falta de sueño resulta en reducción del nivel de tu testosterona, hormona a cargo de la fuerza de tu libido.

31. La próxima vez que salgan a cenar, ve al baño un momentito, quítate los panties (bragas, ropa interior), y colócalos dentro de su bolsillo cuando regreses a la mesa.

32. Véndale los ojos. Sus otros sentidos —particularmente el tacto— se enaltecerán.

Juegos y ayuditas

¡A JUGAR!

Recuerden que el sexo es un juego de adultos y que para jugar es donde más se aplica la imaginación… ¡¡¡De ahí que el ser humano haya inventado juguetitos!!!

El uso de juguetes sexuales no es un invento moderno. A través de la historia, los seres humanos hemos buscado maneras de facilitar y agilizar todas nuestras actividades y tareas, incluyendo las referentes a nuestra sexualidad. En la antigua civilización griega, por ejemplo, era común la confección de lo que hoy conocemos como dildos (o consoladores) hechos de cera para el juego sexual. Hoy en día, claro está, los avances tecnológicos nos han ayudado a modernizar esas ayuditas eróticas. En vez de cera, se usa plástico, gel, látex, goma y piel sintética para confeccionar estos objetos fálicos. Ahora, en vez de dibujar escenas eróticas en una piedra, tomamos fotos o vídeos de la actividad sexual humana para usarla como motivación erótica. Lo mismo, ajustado a nuestra era. Y sin embargo, aún existen grandes tabúes relacionados con este tema.

Hay quienes piensan que el sexo, al ser un acto "natural", no debe modificarse de manera alguna. Y bueno, aquí va mi argumento: comer también es un acto "natural", ¡pero estoy segura que de vez en cuando condimentan sus alimentos y utilizan cubiertos para comer! Es exactamente lo mismo. Se trata de facilitar y hacer más placentera una actividad que siempre seguirá siendo natural y necesaria.

Otras personas están convencidas de que, si tienen pareja, no "necesitan" usar juguetes. ¡Y tienen razón! Nadie los necesita… no se trata de necesitarlos o no, tengan o no tengan pareja sexual. La verdad es que los juguetes sexuales proveen una excelente manera de agregar variedad a la actividad sexual (cosa que todo aquel que mantiene una relación estable y monógama SABE que es imprescindible), han salvado a millones de parejas de quedarse estancadas en una rutina sexual, introduciendo un importante elemento de travesura y juego al sexo y, en muchos casos, han permitido que se descubra o se intensifique la experiencia orgásmica de quienes los utilizan.

El uso de juguetes sexuales es tan común que en los Estados Unidos, según las estadísticas, cincuenta millones de personas han usado, usan actualmente o desean usar juguetes sexuales en un futuro. Recuerden que el sexo es juego de adultos, y para jugar se inventaron los juguetes.

Examinemos algunos de ellos para que puedan familiarizarse con su uso.

El vibrador

Este clásico y popular juguetito sexual viene de varias formas, fálicas y no fálicas, pero siempre con un determinante común: ¡vibran! Estas vibraciones pueden ser más o menos intensas, de acuerdo con el tipo de vibrador al que estemos refiriéndonos, si es eléctrico o de baterías. Los eléctricos son más potentes y, por lo tanto, proveen estimulación más intensa, mientras que los de batería resultan un poco menos potentes, pero tienen la gran ventaja de ser más fáciles de manejar en un encuentro sexual en pareja porque no tienes que estar enchufándolos a la pared ni tienes la incomodidad de enredarte con su cordón. Entre la extensa variedad de vibradores que existen, hay los que vienen con la opción de graduar la intensidad de la vibración, los que están diseñados para estimular el clítoris, el Punto G, la vagina o el ano, e inclusive existen algunos que estimulan varias zonas al mismo tiempo.

Los vibradores, como muchos otros juguetes, pueden estar hechos de distintos materiales, tales como plástico, silicona, látex, gel, goma o piel sintética, y vienen en distintos colores, formas, texturas y tamaños. Por último, existen también los vibradores resistentes al agua, los cuales se disfrutan en la bañera o en una piscina.

Los vibradores pueden ser utilizados tanto por hombres como por mujeres, pero son especialmente populares entre las chicas. Resulta que el uso de un vibrador sobre el clítoris es la manera más rápida y eficaz de que ésta logre su orgasmo. A diferencia de la creencia popular de que la mujer alcanza placer sexual con el uso del vibrador cuando lo utiliza para penetrarse vaginalmente, la gran mayoría de las mujeres los utilizan únicamente para la estimulación directa al clítoris. Aquí van algunos consejitos prácticos para el uso del vibrador:

- Intenta sumergirte en alguna fantasía sexual, de manera que la actitud sea de erotismo y provoques así el deseo sexual. No se trata de usar un vibrador para generar una respuesta fisiológica nada más, sino incorporarlo a la experiencia erótica de mente, cuerpo y espíritu.
- Intenta diferentes posiciones. Acuéstate sobre el vibrador, o sobre la espalda con el vibrador encima de la genitalia, o sosteniéndolo entre las piernas.
- Explora tu cuerpo y genitalia por completo. Puedes además penetrar tu vagina o tu ano con el vibrador.

- Varía la presión con la que te acaricias con el vibrador, así como la velocidad del mismo. Como comentáramos anteriormente, muchos vibradores tienen la capacidad de graduar la intensidad de las vibraciones.
- Para algunas mujeres, cualquier estimulación muy directa o fuerte al clítoris puede resultar molesta. Si las vibraciones te parecen demasiado intensas, puedes intentarlo dejándote la ropa interior puesta y estimular el clítoris a través de ella. También puedes mover el vibrador hacia el lado del clítoris de manera que la estimulación no sea tan directa.

Los hombres también pueden usar y disfrutar de los vibradores. Aquellos que tienen parejas femeninas pueden comenzar a utilizarlos de la manera más obvia: compartiendo su uso con la mujer. Si usan un vibrador para estimular el clítoris de la pareja durante la penetración, las vibraciones generadas se difundirán hacia su pene también, provocándole deliciosas sensaciones. Esto no quiere decir que los hombres sólo pueden disfrutar del vibrador en compañía de sus parejas femeninas, ¡para nada! La masturbación masculina es fundamentalmente diferente cuando se le agregan vibraciones. Muy posiblemente el pene se mantenga en estado de semitumescencia (semirigidez) durante la mayor parte de la experiencia, pero si se hacen respiraciones rítmicas y se contraen los músculos pubocoxígeos, el placer experimentado puede ser espectacular.

Vibrador eléctrico
"Hitachi Magic Wand", ¡el
Cadillac de los vibradores!

Vibradores digitales: ¡para
hacer vibrar todo lo que tocas!

Se hizo famoso en la serie
Sex and the City.
El "Rabbit Pearl" estimula
la vagina, el Punto G
y el clítoris...

Vibrador en forma de patito de hule. Su forma no-fálica es ideal para aquellas personas que buscan discreción con sus juguetes eróticos.

Vibradores fálicos con curva para la estimulación específica del Punto G.

Anillo siliconado de pene con vibrador incluido, ¡para el placer de ambos!

Discreto vibrador camuflado
en forma de lápiz labial.

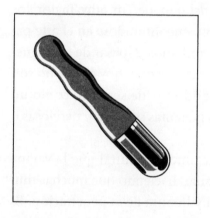

Vibrador vaginal de baterías,
en forma fálica y ondulada.

Higiene y cuidados

Todo juguete sexual debe ser lavado después de su uso. En el caso de los vibradores es tan sencillo como usar agua tibia y un jabón suave, asegurándote siempre de que las partes eléctricas de tu juguete no entren en contacto con el agua, y de que éste se haya secado completamente antes de guardarlo.

Ten siempre cuidado antes de utilizar un juguete sexual por primera vez, verifica que la superficie del juguete no tenga rasguños ni filos duros que podrían rasgar o cortarte la piel. Usa tu sentido común, y recuerda siempre que para disfrutar plenamente del sexo, nuestros cuerpos deben mantenerse lo más saludables posible.

Dildos o consoladores

Un dildo, o consolador, es cualquier objeto diseñado para la penetración vaginal o anal. Los dildos no vibran, aunque muchos vibradores tienen forma de dildo. Este juguete sexual ha existido de una forma u otra, en una cultura y en otra, desde los comienzos de la civilización. Según *La prehistoria del sexo*, de Timothy Taylor, los dildos son anteriores a la civilización, encontrándose en el arte paleolítico creado hace más de treinta mil años. A pesar de ser juguetes sexuales de una larga y honorable trayectoria, hoy en día no son muy populares. La idea de que el dildo puede ser visto como un sustituto del pene hace que muchas personas se sientan nerviosas o incómodas.

La verdad es que resulta perfectamente natural que la vagina se expanda durante la excitación sexual, haciendo que muchas mujeres se antojen de sentir la presión y llenura de la penetración. Es natural, además, para quienes disfrutan de la estimulación anal, el disfrute de la sensación del ano contrayéndose alrededor de un consolador anal. Así que en vez de pensar en el dildo como un mero pene extra que se suma a la ecuación sexual, y que podría de alguna manera competir con el real, considera la teoría de que la palabra *dildo* se deriva de la palabra italiana *diletto*, que significa "placer". Mucho más lindo, ¿no? ☺

Si te llama la atención experimentar con un consolador, a continuación te paso algunos puntos a considerar antes de hacer tu primera compra:

- *Estética*. ¿prefieres un dildo que parezca un pene, o uno en forma fálica no representativa? Fíjate que hay muchos y variados estilos para escoger... todo depende de tu preferencia.

- *Color*. Si prefieres un consolador color piel, deberás elegir uno de vinilo, ciberpiel o goma realística. Si lo prefieres de algún otro color elige un modelo de goma o silicona.

- *Precio*. Si estás experimentando para determinar si te gusta y, en todo caso, cuál es tu preferencia, seguramente quieras comprar un consolador económico como suelen ser los modelos en vinilo o goma. Si ya sabes lo que te gusta y estás queriendo hacer una inversión a largo plazo, entonces seguramente querrás invertir en un modelo de silicona o ciberpiel.

- *Material*. Si buscas un dildo flexible y resistente, prueba los modelos hechos de goma y silicona. Si prefieres una estimulación más firme, los dildos de madera o metal se convertirán en tus favoritos.

- *Tamaño*. ¿Qué prefieres en la penetración? ¿Te gusta la penetración profunda, o simplemente sentir fricción en tus paredes vaginales? La elección de largo y grosor de un consolador dependerá exclusivamente de tus gustos y preferencias personales.

- *Función*. Si tú o tu pareja tienen la intención de usar el consolador junto con un arnés, asegúrate de elegir uno que tenga base para poder ajustarse al arnés. Además, si la intención es utilizar el consolador para estimular el ano, debes comprar un consolador anal, que específicamente trae una base para evitar que se quede en el recto.

Y más allá de que hayas elegido el consolador de tus sueños, al momento de utilizarlo y poner toda tu creatividad erótica en juego, es importantísimo que tengas algunas cositas más en mente:

- *Relájate.* La clave para cualquier tipo de penetración cómoda es la relajación. Tu vagina y tu ano están rodeados por músculos del piso pélvico, y si estos músculos están tensos o contraídos, la penetración será difícil, incómoda y podría llegar a ser incluso dolorosa.

- *Usa lubricante.* Los dildos son aparatos secos. Obviamente no autolubrican, por lo tanto es necesario que te abastezcas de suficiente lubricante como para facilitar el juego erótico con tu juguetito y disfrutar al máximo de las sensaciones que éste te genera.

- *Mantén tu consolador higienizado.* Lava tu consolador luego de cada uso y déjalo secar completamente antes de guardarlo. Los virus y las bacterias no viven en superficies secas.

- *Usa tu sentido común.* En su afán por ser creativos, demasiados adultos usan artefactos no diseñados para el juego erótico como suplentes juguetes sexuales. Seamos prácticos y lógicos, evitando siempre el uso de cualquier artículo frágil, áspero, agudo y de bordes dentados.

Estimulador de Punto G en metal.

Dildo texturizado, para mayor placer vaginal.

Estimulador prostático tradicional.

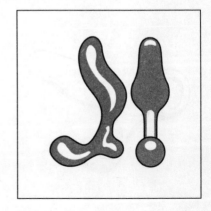

Dildos de grosor variable.

Dildos anales. Nota la prominencia de la base, para evitar que el juguete se introduzca completo dentro del recto.

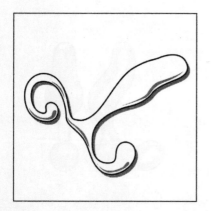

Este estimulador prostático masajea la próstata y el perineo de manera simultánea, y se sujeta por el gancho que queda expuesto.

Bolitas anales. Las cuentas atadas a un cordón (generalmente de nylon) se utilizan para la estimulación anal. La argolla queda expuesta para poder retirar las esferitas.

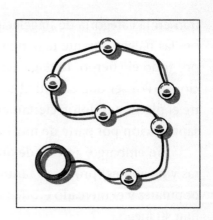

Típicos dildos de forma fálica.

Látigos y amarres

Restringir a tu pareja o ser refrenada es una actividad sexual muy popular. Los juegos de ataduras pueden ser atractivos por muchísimos motivos. Tal vez te inspire la idea de que tu pareja esté a tu merced, de manera que puedas deliciosamente atormentarlo a tu antojo, o tal vez te erotiza la idea de exhibir a tu pareja desnuda y entregada sobre la cama.

Por otra parte, dar una palmada, pegar y azotar… todos entran en la categoría de flagelación. Desde un tortazo ocasional sobre las nalgas durante la penetración hasta una sesión de latigazos por todo el cuerpo, la flagelación activa toda una gama de sensaciones. Por ser una actividad que se desarrolla en esa fina línea entre el placer y el dolor, ciertamente despierta mucho prejuicio y desaprobación por parte de muchas personas.

Sin embargo, a pesar de que ambos tipos de juegos (de ataduras y de golpes) provocan tanto miedo y prejuicio social, son muy populares y el mercado erótico maneja una gran variedad para facilitar su juego.

Ataduras

Ante todo, la seguridad. Cuando jugamos con ataduras, es importante siempre tener en mente algunas reglas básicas:

- Nunca ates de manera que se constriñan las coyunturas o se corte la circulación sanguínea. Si usas soga, cordones o pañuelos, no los ates en nudos que se sigan apretando al ejercerles resistencia.
- Muchas personas se atan con pañuelos delgados o medias de nylon sin percatarse de que cuando usan este tipo de material suavecito y resbaloso, los nudos se hacen muy difíciles de soltar y, además, pueden apretarse demasiado resultando en nervios pinchados o incluso daño permanente a los nervios.
- No dejes a tu pareja completamente restringido/a de movimiento durante más de media hora.
- Asegúrate de que la persona no tenga sensación de entumecimiento en las áreas atadas. Esto es señal de que la sangre no está circulando adecuadamente a las extremidades.

- Nunca ates nada alrededor del cuello de manera que interfiera con la respiración. Si usas un juguete de amordazamiento, asegúrate de que está colocado suficientemente sueltito como para que la persona pueda respirar bien.
- Si tu pareja está atada o amordazada, nunca lo dejes solo.

Teniendo todo esto en cuenta, te comento que los juegos de ataduras se realizan con una gran diversidad de materiales que varían mucho en textura y precio. Soga, tendederos y pañuelos son baratos y fáciles de conseguir. Si vas a una ferretería encontrarás cadenas, clips, ganchos y pernos de argolla de todo tipo para ponerte creativo. Sin embargo, muchas personas prefieren (y yo ciertamente recomiendo) utilizar juguetes que hayan sido diseñados específicamente para aquello que tenemos en mente. Afortunadamente, existen sex shops y tiendas especializadas donde encontrar artículos para el juego de ataduras. Cómodos resguardos de cuero... anchos y rellenos para el máximo confort de la pareja. Esposas o manillas fáciles de soltar para cuando el juego de ataduras se combina con la fantasía de ser arrestado... en fin, de todo para quien quiere cómoda y seguramente jugar con la restricción del movimiento.

Látigos

Como siempre, la seguridad antes que el placer. Ya conocen mi filosofía: resulta imposible relajarnos lo suficiente para poder realmente disfrutar del sexo si algo nos preocupa. Por lo tanto, y para la tranquilidad de todos, examinemos algunas reglas básicas de precaución al jugar con golpes:

- En términos generales, si apuntas a las áreas carnosas del cuerpo no le harás daño a tu pareja. Por lo tanto, enfoca en las nalgas, los muslos, la parte alta de los brazos, y los hombros.

- Mantente alejada de áreas del cuerpo huesudas, de las coyunturas o de pegar sobre cualquier órgano interno. Evita pegar en la cabeza, el cuello, la espina dorsal, la parte de atrás de las rodillas y los codos, y la espinilla.

La clave para disfrutar de una flagelación segura y placentera está en que la intensidad de los golpes se trabaje paulatinamente, aumentando y escalando a la par con la excitación de tu pareja. A medida que la persona se va excitando más y más, su tolerancia al dolor y la conversión de éste en placer también va aumentando. Te recomiendo que contrastes los golpes con otras caricias variadas. Por ejemplo, luego de varias nalgadas fuertes, puedes besarlas muy suavemente o incluso acariciarlas con una pluma de avestruz. Esto proveerá una serie de sensaciones tormentosamente deliciosas.

Para dar golpes en el juego erótico, puedes utilizar muchísimos artefactos caseros, como un cepillo (las cerdas provocan intensas sensaciones), correas (¡cuidado con la hebilla!), reglas, y hasta cucharones de cocina. Pero como siempre, las tiendas especializadas tienen geniales paletas y diversos látigos manufacturados expresamente para el placer erótico.

Fusta en cuero... para tus juegos de sumisión.

Este molinete provoca intensas sensaciones al recorrer la piel, hincando y generando escalofríos... su uso es muy típico en juegos táctiles sadomasoquistas.

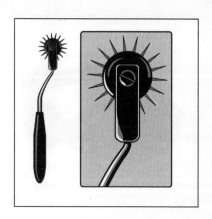

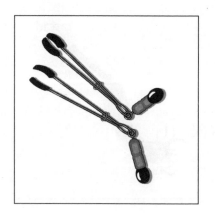

Abrazaderas de pezón o tetillas, utilizadas comúnmente en juegos sadomasoquistas.

Paleta en cuero... para jugar con golpecitos y nalgadas.

Venda de ojos en cuero. Al obstaculizar el sentido visual, se intensifican todos los demás...

Látigo de azotes, para dar golpecitos en juegos de dominación.

Estos amarres de puño se utilizan para inmovilizar a la pareja, en juegos de ataduras.

Plumas, aceites y lubricantes

Todo aquello que provoque placer al tacto o que, incluso, intensifique nuestro placer sensorial, puede ser considerado un juguete erótico. Aquí pasaré a detallarle algunas cositas en particular con las que espero se animen a experimentar muy pronto.

Plumas

Las plumas proveen una caricia tan y tan suavecita, que ni siquiera la caricia más leve con la yema de tus dedos la podrá igualar. Intenta acariciar todo el cuerpo de tu pareja con una pluma de avestruz, que son largas (aproximadamente 60 centímetros) y exquisitamente suaves, y verás de lo que estoy hablando. ¡Ah! Y ten cuidado de no usar la pluma si el cuerpo ya está embarradito de aceites, pues el aceite hará que se pegue la pluma y se pierda su impacto sensorial.

Piel

Imagínate desnuda sobre una alfombra de piel natural... ¡una exquisita combinación! Hoy en día, sin embargo, con tanta prohibición social ante el uso de pieles animales en la confección de abrigos o alfombras, es un poco más difícil hacer realidad la imagen que recién presenté. ¡Y ni hablar del golpe que recibiría nuestro bolsillo! Pero esto no quiere decir que no podamos generar sensaciones similares para nuestro juego erótico. Puedes invertir en guantes de piel para acariciar el cuerpo de tu pareja, o incluso en piezas de piel sintética, para una sensación muy similar a la original.

Guantes con textura

Se trata de amplios guantes rectangulares que se colocan sobre las manos para usar en las caricias al cuerpo de tu pareja. Los guantes pueden estar hechos de material satinado, seda, gamuza, látex, goma o cualquier tela o textura imaginable.

Aceites

Los aceites para masajes están disponibles en varias texturas e interminables aromas, pero si el oler a flores o frutas no es lo tuyo, también puedes utilizar aceites sin fragancia. Los aceites para masajes son fantásticos para estimular toda la piel, volviéndola suavecita y resbalosita a la vez que intensifica todas las caricias al cuerpo. Para maximizar el tiempo de vida de un aceite es recomendable guardarlo en el refrigerador. Pero si lo haces, no olvides asegurarte de calentarlo bien entre tus manos antes de dejarlo caer sobre el cuerpo desnudo de tu pareja.

Lubricantes

La suavidad y humedad que provee el lubricante artificial hace que, al igual que con los aceites, se intensifique la sensibilidad de la piel al tacto. Los lubricantes artificiales generalmente se utilizan para estimular el área genital en particular; debemos usarlos siempre a base de agua o silicona, de manera que no atenten contra la integridad del látex y así podamos protegernos. Además, los aceites son difíciles de limpiar y pueden provocar infecciones vaginales cuando son utilizados genitalmente. Todo esto nos lo ahorramos al elegir el uso de lubricantes a base de agua o silicona para las caricias genitales.

JUEGOS ERÓTICOS

Una de las maneras más divertidas de jugar es, precisamente, inventando un juego y asumiendo roles que no necesariamente tienen que ver con la realidad. Perderte en el mundo de tus fantasías y transformar algunas en realidad a través de un mero juego puede revitalizar el sexo rutinario. Los juegos eróticos también pueden llevarse a esos aparentes extremos eróticos que a veces tememos, como lo son los juegos sadomasoquistas. En este capítulo revisaremos aquellos juegos donde desempeñar un papel, y también los disfraces y la lencería como vehículo para sostener las fantasías, y los juegos de ataduras, dominancia y sadomasoquismo.

Caperucita Roja y el lobo feroz

La vestimenta es una de las formas más fáciles e instantáneas de crear un ambiente determinado y seducir a nuestras parejas. El sentido visual resulta muy poderoso, ya que es impactante, inmediato y representativo del tipo de ropa que se lleve. Esto se aplica tanto en lo erótico como en el diario vivir. ¿Cuántas veces no has tenido la experiencia de que determinada prenda de ropa te hace sentir de manera especial? Cuando utilizas lencería erótica, por ejemplo, puedes variar mucho en la actitud a asumir de acuerdo con el tipo de prenda que elijas utilizar. El ambiente que generarás no es el mismo cuando escoges un conjunto de encaje blanco que cuando tu atuendo es de goma, cuero y cadenas de metal. Uno grita sensualidad romántica mientras que el otro te lleva a pensamientos lujuriosos de sexo fuerte y duro.

Aquí se trata de lo mismo, con la ventaja añadida de tener la oportunidad de asumir una personalidad o un estilo de vida que no es el propio, e incluir todos los elementos de ese juego para erotizar la experiencia sexual. Te doy un ejemplo: Imagínate vestida de odalisca… con esas telas vaporosas al estilo marroquí que han estado tan de moda… la pedrería… colores intensos… monedidas que suenan con cada uno de tus movimientos… vientre al descubierto… te sientes absolutamente sexy y femenina… y cuando ves a tu pareja, sin pensarlo dos veces, comienzas a bailar con tu vientre, convirtiéndote en la protagonista de "El Clon"… y en vez de llamarlo por su nombre, le dices "Lucas"… ¡asumiste un rol! De repente, ¡estás viviendo una fantasía! ¡Están jugando a Jade y Lucas, los de la novela! Ya no son Pedrito y María Rosa de San Juan, casados hace diez años, bla bla bla, sino un par de personajes que aparentemente han vivido sus vidas enfocados el uno en el otro… en su gran pasión y amor, y quienes seguramente se animarían a una sesión desenfrenada de sexo y lujuria.

Claro está que los roles asumidos no tienen que ser tan "color de rosa"… también se puede jugar a ser personajes más hot o aun atreverte a más, de acuerdo siempre con los gustos, preferencias y fantasías de cada una de ustedes. Se pueden asumir roles más pasivos (donde la pareja tome el control sexual, o donde una se permita estar atada), más agresivos (demostrando dominancia y tomando las riendas de la situación sexual), tradicionalmente eróticos (la enfermera sexy que va a cuidar a su "paciente"), clásicos que remontan a nuestros juegos de la niñez pero traídos a la adultez (Caperucita Roja y el lobo feroz... ¡que te quiere comer!) o sencillamente incorporar algunos de los juegos y prácticas más comunes dentro del evento sexual a realizarse: sexo anal heterosexual, juegos de ataduras, nalgadas, el teatro del sadomasoquismo (mucho más show que otra cosa), y por supuesto, el exhibicionismo y voyeurismo. Estos últimos pueden manifestarse de varias maneras: filmándose teniendo relaciones para luego mirar los vídeos juntos, teniendo relaciones en lugares semipúblicos, etc. Y bueno, es cuestión de usar un poco la imaginación.

Otro aspecto importantísimo al inventar una fantasía, además de la vestimenta, es crear un ambiente completo que te transporte a esa fantasía. Siguiendo con el ejemplo original de Jade y Lucas, imagínate que estás creando una velada digna de "El Clon" (¡las que fueron seguidoras de esta telenovela tienen una tela para cortar que es algo serio!). Más allá del maravilloso ajuar, ¿qué hace falta? Es tan sencillo como pensar en nuestros sentidos y buscar maneras eróticas de estimularlos. El sentido del olfato se vería bien recompensado con el aroma de un exótico incienso que se va quemando lentamente... Tu baile de seducción como protagonista de esta fantasía podría usar una buena música a tono, ¿no crees? Ahí estimulaste tu sentido auditivo... ¿Qué me dices de aceites para masajear y acariciar el cuerpo de tu Lucas? ¿O de tener unas uvitas a la mano para comer? En fin, piensa en estimular alguno, si no todos tus sentidos, para crear una ambientación total.

Y bueno... tienes el disfraz, con la ambientación añadiste un poco de misterio, y ahora te falta la dulce recompensa, ¿verdad? ¿Qué vamos a hacer para conseguirla? ¿Cómo lograremos caer rendidas de placer, sintiéndonos emocionalmente íntimas con nuestra pareja? Vamos a darle fuerte al juego sexual. Como ya vengo explicando, el sexo no se trata de llegar a una meta orgásmica y punto. Eso no es suficiente para saciar las expectativas de la gran mayoría de las personas. El sexo sí debe ser visto como un disfrute total y desenfrenado de todo el camino que nos lleva a ese clímax orgásmico y, como consecuencia, debemos prestar más atención al camino que a la meta. Esto es cierto tanto para el hombre como para la mujer, a pesar de que generalmente se piensa en juego sexual como aquello que el hombre debe hacer para preparar a la mujer para la penetración sexual. Créeme, los resultados para él también valdrán la pena. Por lo tanto, te he preparado una serie de tips a seguir como repaso para que puedas enaltecer tu experiencia sexual:

- *Recuerda que tu órgano sexual más importante es tu cerebro*: Por lo tanto, el famoso "cerebrito" es muy importante. Comienza a pensar en el sexo con anticipación, y si puedes, comparte tus pensamientos al respecto breve y gráficamente con tu pareja. Una llamadita rápida durante el día no debe interrumpir demasiado su día de trabajo, pero sí puede proveer un poderoso estímulo erótico.

- *Tómalo suave*: Comienza besando y acariciando el cuerpo de tu pareja, pero no sus genitales ni sus zonas más erógenas. Puedes, por ejemplo, besar la yema de sus dedos o sus pies, y poco a poco ir acercándote a su pecho o sus testículos.

- *Asegura su orgasmo, manual u oralmente*: Muchas mujeres no logran tener orgasmos durante la penetración vaginal. Aquellas de ustedes que disfrutan de los orgasmos múltiples tienen más probabilidades de tener un segundo o tercer orgasmo durante la penetración si ya han tenido uno o dos anteriormente.

- *Presta atención a sus zonas erógenas*: Muchas mujeres cometen el error de dirigirse directamente hacia el pene de su compañero. Sin embargo, la gran mayoría de los hombres son muy sensibles en otras partes de su cuerpo, como las tetillas, el escroto y el perineo. Si tu hombre no tolera que estimules su pene directamente sin querer penetrarte, asegúrate de invertir más tiempo en esas otras áreas de su cuerpo.

- *Experimenta con caricias variadas*: Recorre su cuerpo suave y delicadamente con la puntita de tus dedos, de manera que le ocasiones escalofríos. De igual manera, puedes experimentar con caricias mucho más agresivas, incluso usando tus uñas para raspar su piel y provocar otro tipo de sensaciones. Tómalo poco a poco y ve midiendo su tolerancia y respuesta a estas caricias más agresivas. Si lo disfruta y te pide más, síguelo por ahí e incluye nalgadas y todo lo que se te ocurra.

- *Experimenta con distintos ritmos*: Excita a tu pareja y luego retírate. Tiéntalo. Haciendo esto, aumentas también tu propio nivel de excitación. Él, por su parte, quedará rendido a tus pies. No sabrá cuándo vas a continuar acariciándolo o cuándo vas a cambiar el patrón o parar del todo. Su excitación se va incrementando por la anticipación que le provee este tipo de juego.

Pégame y llámame Marta

Si eres como la mayor parte de las personas, seguramente la idea de dominar o ser dominada por tu pareja te resulta bastante estimulante. El juego de poderes sexuales siempre ha tenido un atractivo prácticamente universal. Sin embargo, muchas personas que incorporan aspectos de dominancia y sumisión en su vida sexual tal vez se sorprenderían de saber que éstos podrían ser descriptos como juegos de ataduras, dominancia y sadomasoquismo (BDSM por sus siglas en inglés). El problema, realmente, recae en el nombre popular (sadomasoquismo) y lo que éste implica.

El término "sadomasoquismo" está definido en el diccionario como una "conducta o comportamiento sexual en el que la persona experimenta excitación y satisfacción sexual mediante el sufrimiento físico o psíquico que inflige a otra persona o que recibe de ella". La Real Academia Española directamente lo define como una "tendencia sexual morbosa de quien goza causando y recibiendo humillación y dolor". Las malas interpretaciones de lo que implican los juegos de poder sexual se ven exacerbadas porque los mismos términos son también utilizados para describir dinámicas no sexuales entre personas envueltas en comportamientos abusivos o de coerción.

La verdad es que los juegos de ataduras, dominancia y sadomasoquismo no tienen nada que ver con coerción, ni sexual ni no sexual. Contrario a la impresión popular respecto al tema, el denominador común de los juegos sadomasoquistas no es el intercambio violento de dolor, sino el intercambio consensual de poderes. Para poder entender bien el tema, es imprescindible hacer la distinción de que el sadomasoquismo tiene que ver con la erotización de los juegos de poderes, no con abusos físicos y emocionales. De hecho, muchos participantes activos de la comunidad sadomasoquista preferirían que se utilizaran otros términos para describir sus actividades eróticas, como por ejemplo: "dominancia y sumisión", "magia sexual", "sexo radical", o "poder y confianza".

El concepto de los juegos de intercambio de poderes no es para todo el mundo. Requieren de una intimidad emocional y un nivel de confianza pleno para poder llevarse a cabo. Por lo tanto, no se recomienda para relaciones casuales. Sin embargo, dentro del contexto de una relación estable puede ser justo el antídoto para vivir nuevas experiencias y condimentar intensamente la actividad sexual.

Tal y como sucede con los juegos donde asumimos roles y actuamos, en el sexo sadomasoquista también encontramos una fuerte conexión con nuestras fantasías. Si miras detenidamente tus preferencias fantasiosas, seguramente encontrarás vínculos con esta expresión sexual. Muchas personas disfrutan de fantasías que podrían colocarse dentro de una de dos categorías. Están las fantasías donde se asume un rol sumiso, como cuando alguien te "toma" a la fuerza, te secuestra, te seduce aunque no debería, te llevan los extraterrestres... la típica fantasía "ay no, ¡pero qué rico!". Por otra parte, existen otras fantasías complementarias e igualmente populares: las de estar en total y absoluto control erótico de una situación. Acá se destacan las típicas de tener esclavos sexuales, un famoso/a que muere de pasión por ti, o alguna figura de autoridad que se cuele en tus pensamientos. En fin, el juego de poderes es muy importante en nuestra imaginación erótica y, por lo tanto, su experiencia en vida puede ser infinitamente deliciosa.

Y entonces, podrás preguntarte, ¿qué hay con el tema DOLOR? Si bien es cierto que el sexo sadomasoquista no se debe fundamentalmente a la experiencia física del dolor, algunas actividades típicas sí se condimentan con esto. Sin embargo, la mejor manera de describir la experiencia es que se generan intensas sensaciones, en vez de que se genera dolor. Sucede que, dentro del contexto del juego, la excitación de la experiencia y el envolverse en la fantasía, lo que de otra manera podría experimentarse como dolor ahora se convierte en placer. La excitación sexual, de hecho, afecta nuestra percepción del dolor.

La verdad es que la expresión sexual sadomasoquista es compleja y muy variada... ¡tanto así que podría escribir todo un libro al respecto! Pero mi intención en esta oportunidad no es adentrarmé en todas las particularidades del sadomasoquismo, sino simplemente presentarlo como una alternativa real y vigente para quienes se interesan en él. No hay que tenerle miedo a esta práctica sexual, ni ser prejuiciosos con aquellas personas que eligen disfrutar de los juegos eróticos de poderes. Como siempre digo, el conocimiento es poder. Antes de juzgar y tomar cualquier determinación, infórmate lo más posible. En este tema, te recomiendo el clásico libro de Gloria Brame, *Come Hither: A Commonsense Guide to Kinky Sex*, y el súper informativo *Screw The Roses, Send Me The Thorns* de Phillip Miller y Molly Devon.

Espero que, si no acostumbrabas a hacerlo hasta ahora, comiences nuevas experiencias en tus juegos eróticos. No olvides que nuestra expresión sexual no es más que juego de adultos, y todos los que recordamos cómo era jugar de niños sabemos que lo mejor del juego es que se pasa muy bien. Redescubre esa pasión por jugar, y fortalece la intimidad en tu relación de pareja.

Ayuditas

Una de las cosas más chéveres que tiene el sexo es su vasta variedad de expresión y todo el lugar que da para nuestra creatividad. Resulta que cuando los seres humanos nos ponemos eróticamente creativos, surgen hermosas posibilidades para el placer. En este capítulo te voy a mostrar algunas ayuditas que me parecen divertidas, interesantes y, sobre todo, súper prácticas. ¡Que las disfrutes! ☺

Masajes eróticos

La sexualidad abarca un espectro muy amplio de juegos y actividades para el disfrute y el fortalecimiento de la intimidad de una pareja. Por lo general, cuando nos referimos al sexo, tendemos a inclinarnos por aquellos temitas un poco más "avanzados" pero no necesariamente más importantes. En esta ocasión haremos todo lo contrario. Regresamos a lo "básico" y enfocaremos toda nuestra atención a uno de los placeres más riiiiiicos que tenemos disponibles: las caricias.

Una de las maneras más simples de estimular nuestro sentido

del tacto —motivo que hace de las caricias un placer sensual, o sensorial— es a través del masaje. Los masajes se han utilizado tradicionalmente para solucionar problemas físicos, pero, al margen de su función terapéutica, esta técnica también sirve como instrumento de comunicación para potenciar las relaciones entre dos personas. En este sentido, las distintas formas de masaje se basan en la necesidad de contacto físico que sentimos desde que somos bebitos, hasta la exigencia de caricias más íntimas en la edad adulta. A efectos de esta última parte, las ventajas principales del masaje sensual, o masaje erótico, son las siguientes:

- Refuerza la confianza/intimidad emocional con la pareja.
- Aumenta el deseo.
- Prolonga el orgasmo.
- Rompe con la monotonía.

Un masaje erótico puede ser un acto satisfactorio de por sí, independientemente de si el resultado final incluye respuesta orgásmica. Provee la oportunidad de que cada cual pueda, por un momento determinado, concentrarse completamente en el hecho de dar placer o recibir placer de manera exclusiva. Para quien da el masaje, el disfrute y la satisfacción estriba en los resultados de placer que se generan en la pareja (además de que, obviamente, es una herramienta de aprendizaje muy interesante respecto a los tipos de caricias o las partes del cuerpo que tal vez descubrimos excitan mucho a la pareja), mientras que la persona que recibe tiene la oportunidad de relajarse (componente súper importante del masaje erótico, ya que permite afinar la agudeza y profundidad de los sentidos en lo que se refiere a excitación corporal y, por lo tanto, ayuda a mejorar la respuesta sexual), ser mimado completamente, y aprender a recibir placer directamente, cosa que no es fácil para muchas personas cuando no se hace de manera simultánea con la pareja, pero que ciertamente enaltece muchísimo su capacidad de experimentar placer.

Uno de los factores básicos para transformar un masaje terapéutico en uno sensual es que ambas personas deben estar desnudas. ¡Bien distinto a cuando vas a un spa! La persona que da el masaje debe asegurarse de que sus manos estén calentitas y, en el mejor de los casos, engrasadas con algún aceite para masajes aromático. El aceite deja suavecita y resbalosita la piel, además de que añade estimulación olfativa a esta experiencia sensual.

Podemos comenzar con un masaje exploratorio y suave por todo el cuerpo de la pareja, asegurándonos de no incluir los genitales de entrada. Recuerda que el punto es disfrutar de nuestro cuerpo en su totalidad, no solamente de aquellos puntos de placer más intensos y más conocidos. Así que concéntrate en generar placer a través de todo el cuerpo.

Luego focalízate en los pies, ya que junto con el placer que proporciona, tiene un efecto relajante y revitalizador para todo el cuerpo. Cuando hablo de masaje a los pies, no me refiero exactamente a una reflexología tradicional. Claro que si conoces sus técnicas puedes ejercer presión en algunos puntos clave del pie. Pero más bien se trata de frotar y estimular los pies de manera que genere placer a la pareja. Ese estímulo puede también incluir incentivos orales, así que si te animas, puedes tomar los deditos de sus pies y lamerlos de manera bien sexy mientras masajeas el resto del pie con tus manos. Esto genera un estímulo visual muy interesante para quien recibe el masaje y refuerza la experiencia sensual del mismo.

De los pies vamos subiendo, evitando —nuevamente— los genitales. Se pueden acariciar muslos, vientre, pecho, espalda, nalgas, brazos, hombros, cuero cabelludo, cara, etc., sin ningún orden en particular, sino siguiendo lo que nos provoque en el momento y se sienta cómodo.

El masaje con las manos puede, como ya mencioné, comenzar con caricias suaves e ir incrementando en fuerza e intensidad, a la vez que se juega con variar estos tipos de contacto. Además de acariciar con las manos, el masaje erótico puede incluir otros estímulos, como besar, lamer, soplar sobre la piel, y palpar el cuerpo de la pareja con el pecho o el pelo. Por ejemplo, si le estás dando un masaje a tu pareja, puedes acariciar su espalda suavemente con tus senos o con tu pelo si te sostienes sobre tus propios brazos y permites que senos o pelo sean tu único contacto. Las sensaciones generadas y el erotismo agregado son inigualables. También pueden utilizarse plumas (¡son un éxito!), telas y otras texturas para friccionar contra la piel de la pareja y variar las sensaciones que se generan.

Las técnicas son variadas y libres... realmente pueden dar rienda suelta a la imaginación: poner algo de musiquita erótica y masajear al ritmo de ésta, vendar los ojos de la pareja para intensificar sus otros sentidos, variar los tipos de caricias... en fin, todo aquello que surja en el momento. Y es que realmente se trata de eso. De dejarse ir y vivir el momento libremente de manera que nuestra creatividad florezca.

Como siempre, es esencial evitar la rutina, el enemigo número uno de la sexualidad en pareja. Con el masaje erótico logramos eso cuando restamos importancia a la genitalia y redescubrimos los placeres escondidos en el resto de nuestro cuerpo. Usado de manera independiente, el masaje no requiere de más intimidad sexual que sí mismo. Como complemento de otros juegos eróticos, es absolutamente el mejor preámbulo para la estimulación genital y la provocación orgásmica de la pareja.

Afrodisíacos

Afrodisíaco: "sustancia o medicamento que excita o estimula el apetito sexual". Así se define esta mágica y controversial palabra en el diccionario. Como habrás notado, la palabra afrodisíaco procede de Afrodita, diosa griega del amor carnal y el deseo, nacida de la espuma del mar (Aphros) después de que Cronos castrara a su padre arrojando sus genitales al mar. Según la mitología, Afrodita era una diosa promiscua, lo que resultó en que tuviera hijos de varios de sus amantes. Eros, Priapos y Hermafrodito (figuras que en sí evocan imágenes y sentimientos eróticos) fueron sus tres hijos más conocidos, según la leyenda griega. Eros era el joven dios del amor y del sentimiento erótico. Priapos era el dios de la fertilidad, quien se destacaba por su enorme órgano genital. Hermafrodito poseía genitalia tanto masculina como femenina y simbolizaba las emociones de amor del hombre y de la mujer. A la figura de Afrodita se le atribuyó el poder de provocar deseo, así como otorgar amor, poder, belleza y riqueza. No debe sorprender, pues, que su nombre haya llegado a utilizarse para identificar productos que estimulan o inducen el deseo sexual.

Los afrodisíacos han sido evidenciados en todas las culturas y a través de todos los tiempos. En papiros egipcios del año 2200 a. de C. encontramos las primeras referencias a ellos. El conocido texto hindú, Kamasutra, escrito hacia el siglo IV a. de C., hace referencia a alimentos energéticos como la leche y la miel para aumentar el vigor sexual. En la antigua Grecia, Aristóteles mencionaba el efecto afrodisíaco que producía la "cantárida" (insecto conocido como "mosca española", cuyos restos secos y triturados eran ingeridos, ocasionando irritación del tracto urogenital y, como consecuencia, provocando reacción en los genitales), así como otras sustancias vegetales y animales que generaban similares resultados. La medicina tradicional china también otorga facultades afrodisíacas a hierbas como el ginseng y la yohimbina, por ejemplo. Y en diversos textos árabes se hace referencia a los perfumes y fragancias para aumentar el placer sexual. Hoy en día, la idea de que el olfato puede detectar sustancias que impulsen el deseo sexual sigue vigente; en este sentido se destacan las feromonas.

Y aunque en su búsqueda por encontrar sustancias capaces de aumentar el vigor sexual el hombre históricamente ha experimentado con hierbas, aceites, perfumes, alcohol, drogas, y hasta restos de animales, la mayoría de los llamados afrodisíacos han resultado ser sencillamente alimentos. En la Antigüedad, cuando era mucho más difícil proveerse de víveres, el consumo de éstos básicamente sólo resolvía el aspecto de la supervivencia. No se tenía un panorama preciso sobre cuáles eran las necesidades alimenticias que había que satisfacer, por lo que muchas personas vivían mal nutridas y con una pobre respuesta sexual. Algunos alimentos, sólo por ser muy nutritivos, fueron catalogados como afrodisíacos.

Por otra parte, existe una tendencia a considerar como afrodisíaco todo alimento novedoso o exótico. Para que tengan una idea, tras el descubrimiento de América, alimentos hoy en día tan cotidianos como el tomate y la papa, fueron considerados… ¡afrodisíacos! Y si alguna vez pusiste en tela de juicio la magnitud de la capacidad imaginativa del ser humano, lee bien esto: algunos de los alimentos afrodisíacos más reconocidos son considerados estimulantes sexuales nada más que por su parecido a los genitales humanos… ¡Es cierto! En la Antigüedad se entendía que ese parecido les otorgaba poderes sexuales. También se han clasificado como afrodisíacos los alimentos que "por naturaleza" representan la "semilla" o el "semen", como en el caso de los huevos, bulbos o caracoles, considerándose que éstos "potenciaban" sexualmente a quien los consumiera. Es evidente que muchísimos afrodisíacos antiguos deben su fama a la magia, la superstición y, básicamente, a la ignorancia.

Actualmente, el tema de los afrodisíacos continúa siendo fuertemente debatido. La verdad es que las creencias populares, aunque no sean científicamente ciertas ni clínicamente comprobadas, igualmente producen efectos por la fuerza y su sostenimiento a lo largo del tiempo. Se entiende que el poder sugestivo juega un rol muy importante. En ese sentido, los afrodisíacos no tienen una incidencia real sobre la sexualidad; sin embargo, si la persona tiene la expectativa de que la tendrá, seguramente será así. A esto se le llama el "efecto placebo". Por lo tanto, el preparar una comida "afrodisíaca" puede lograr el efecto deseado, puesto que las personas se predisponen positivamente para ello. En realidad, cualquier alimento o bebida puede ser un afrodisíaco… todo depende de las circunstancias, el ambiente, el momento y la manera en que se ingiere.

Si me preguntan a mí (y al cantautor guatemalteco Ricardo Arjona, en su canción *Me enseñaste*), los afrodisíacos más potentes que existen son la mente y, por sobre todo, el amor. Es la mente humana la que nos proporciona los resultados esperados ante la ingesta de cualquier alimento o sustancia que podamos tomar cuando tenemos la convicción de que actuará favorablemente en nuestra relación sexual. Y es el amor lo que nos inspira a descubrir y compartir nuestros sentimientos, sueños, fantasías, cuerpos, placeres y erotismo con otra persona, encendiendo así la llama del deseo de la mejor manera.

Algunos afrodisíacos

Hierbas:
- Avena sativa
- Vainilla
- Jengibre
- Yohimbina

- Ginseng
- Clavo
- Canela
- Azafrán
- Nuez moscada
- Trufas
- Sésamo
- Canela
- Clavo

Aceites y perfumes:

- Jazmín
- Sándalo
- Canela
- Vainilla

Sustancias extraídas de animales:

- Cantárida (mosca española)
- Pene de león
- Cuerno de rinoceronte
- Aleta de tiburón
- Cerebro de mono

Otros:

- Espárragos
- Almendras
- Bananas
- Miel
- Chocolate

- Aguacate
- Higo
- Mostaza
- Ostras
- Fresas
- Café
- Chiles
- Alcachofas
- Champagne
- Ajo
- Apio
- Uvas
- Melocotón
- Caviar
- Langostinos
- Anchoas

Afrodisíacos según Alessandra:

- Compartir fantasías y deseos a la pareja: la buena comunicación sexual es MUY sexy.
- Literatura erótica o romántica.
- Una salida sin hijos; dedicarse tiempo en pareja.
- Estimular los sentidos dentro de la relación sexual.
- La música para evocar el erotismo.
- VARIAR posición, lugar, ritmo, ambiente, horario… en fin, lo que crea monotonía en la actividad sexual.
- Gemidos y palabras eróticas.
- Situaciones de riesgo controlado: una caricia erótica en algún sitio público puede ser el preludio de una situación excitante e inolvidable.

Sexo tántrico

El sexo tántrico es la expresión física del tantra, una filosofía antigua que propone otra manera de mirar el mundo. Desde su especial punto de vista, cada aspecto de la creación —incluyendo la sexualidad— debe ser celebrado y tratado como algo sagrado. El tantra, proveniente de la India, al igual que el zen y el yoga se basa en enseñanzas de iluminación espiritual.

La práctica sexual tántrica es una manera íntima, espontánea y meditativa de hacer el amor. La pareja aprende a canalizar las fuertes energías eróticas que recorren el cuerpo humano de manera que se eleve el nivel de conciencia de las personas envueltas. A través de su práctica, se busca enaltecer todos los sentidos para que se prolonguen las sensaciones de placer y se fortalezcan los lazos de intimidad entre la pareja. En esencia, el sexo tántrico pretende transportar la expresión sexual de un plano de "hacer" a un plano de "ser".

La teoría explica que la fuente de energía más poderosa en el mundo es la sexual y, por lo tanto, se le otorga gran importancia a la ritualización de la relación carnal. El éxtasis sexual es visto como una experiencia divina que culmina —o no— en el orgasmo, y dicho éxtasis logra proveer una experiencia sagrada que podrá acercar a la persona a su propia iluminación espiritual, transformando el acto sexual en un verdadero sacramento de amor.

La filosofía tántrica propone una serie de ejercicios físicos, sexuales y mentales para aprender a enaltecer nuestras percepciones sensoriales. Muchas de las técnicas utilizadas en el tantra se utilizan también en la práctica de yoga, por lo que siempre recomiendo incursionar en clases de yoga a quienes les interese experimentar con el sexo tántrico. Para darte un ejemplo, es necesario saber manejar muy bien la concentración y la respiración para practicar el sexo tántrico, y éstas son dos técnicas que se pueden aprender y asimilar directamente en el yoga, facilitando así su inclusión en momentos de intimidad sexual.

Con la práctica sexual tántrica se utilizan técnicas para extender la etapa de excitación dentro del ciclo de respuesta sexual, y así se puede ampliar el disfrute de las sensaciones placenteras eróticas derivadas de los juegos sexuales. La tensión también se concentra y va creciendo, en un juego entre esa tensión sexual y la absoluta relajación mental, de manera que al momento de decidir experimentar el orgasmo o clímax en la relación (si es que la pareja así lo desea), éste sea mucho más potente y, según el tantra, se asimile a lo divino.

Extender el ciclo de excitación sexual también permite que la persona esté consciente no sólo de sus propios sentimientos, sino también de los de su pareja. Este camino espiritual incluye la experiencia de nuestra sexualidad y nuestra sensualidad como una meditación consciente en la que se unen las energías cósmicas, físicas, y eróticas. Se busca que la energía sexual una a la pareja y que a través de esta unión enérgico-erótica ambos se conviertan en uno junto con el cosmos, el universo o Dios.

Físicamente hablando, las personas que busquen prolongar su excitación sexual podrán lograrlo al concentrar sus atenciones y energías en la unión con su pareja y en los juegos previos. Una sesión tántrica puede comenzar con caricias y masajes sensuales donde se estimulen todos los sentidos. Estas caricias sensuales pueden ser seguidas por un coito lento en el que se penetra y se descansa, enfocando siempre la mente en la respiración, la unión espiritual con la pareja y la excitación sexual lograda. Dicha excitación se mantiene muy elevada, casi al punto del orgasmo en varias ocasiones, y se disminuye periódicamente para prolongar la sensibilidad excitada de la persona.

¿Qué puede hacer para la relación de pareja? Puede fortalecerla, cimentarla y llevarla a otro plano de intimidad. Al no existir metas orgásmicas en el sexo tántrico, sino que simplemente se busca la experiencia de una unión armoniosa y sagrada en el presente, la pareja tiene oportunidad de redescubrirse y conectar una y otra vez a medida que pasa el tiempo. Se celebra el camino recorrido, no la meta. Es una práctica que te enseñará a adorar a tu pareja y a transformar el acto sexual en un sacramento de amor.

Si deseas aprender más sobre este tema, te invito a que te eduques bien y comiences a practicar. Puedes encontrar varios recursos en Internet, específicamente en las páginas www.tantra.com y www.tantra.org.

Cine erótico

Nuestro erotismo puede despertarse también a través de algunas de las imágenes más candentes del cine. Para esto, he seleccionado algunas de las escenas más lindas, románticas, eróticas, lujuriosas, sexys y seductoras jamás filmadas. Elige la que más te tienta, ve a tu videoclub y date un gustito:

14. *Titanic* (1997)
Esta titánica historia de amor tiene un par de escenitas… ¡que le suben la temperatura a cualquiera! Cuando el personaje de Leonardo DiCaprio, Jack, dibuja el boceto de Rose (Kate Winslet) vestida sólo con el hermoso collar del "corazón del océano", las miradas, la atracción entre ellos, el calor y el deseo son insuperables. Pero tal vez lo es más aún la escena en la que estos jóvenes hacen el amor dentro de un auto estacionado. Nada más sexy que los cristales empañados.

13. *The Graduate* (1967)

¿Quién puede olvidar el clásico: "Mrs. Robinson, are you trying to seduce me?", que desató incalculables fantasías a través del mundo? La escena en que la señora Robinson (Anne Bancroft) trata de seducir al jovencito Benjamin Braddock (Dustin Hoffman) no puede quedar fuera de esta lista... nos sedujo a todos.

12. *Wild Things* (1998)

Esta película trae a la pantalla una *muy* erótica representación de una de las fantasías sexuales más populares: el trío. La escena entre Matt Dillon, Denise Richards y Neve Campbell dentro de una piscina logró que esta película se convirtiera en un *cult classic* del erotismo moderno.

11. *From Here to Eternity* (1953)

Si bien la sensual escena donde Deborah Kerr y Burt Lancaster se besan apasionadamente sobre la arena a la orilla del mar es bastante light, no por eso deja de ser sexy y sumamente sugestiva, ¡sobre todo cuando tomamos en cuenta que esta película fue filmada a principios de la década de los 50! La pasión demostrada y *tooodo* lo que se deja a la imaginación hacen de esta escena una de las más memorables de la historia del cine.

10. *Original Sin* (2002)

Las escenas íntimas de esta película son de las más eróticas y lujuriosas de esta lista. Los gestos, miradas y gemidos de Antonio Banderas en las escenas de sexo oral demuestran verdadero desenfreno en esta historia de amor, obsesión, mentira y erotismo.

9. *Fatal Attraction* (1987)

La cocina nunca pareció ser un lugar tan *kinky* hasta que Glenn Close y Michael Douglas la "bautizaran" en esta cinta de suspenso erótico. Si eres una de las cuatro personas que aún no ha visto esta película de fines de los 80, ¡¡¡alquílala hoy mismo!!!

8. *Out of Sight* (1998)

Lo sexy de esta película tiene que ver con la tensión sexual que se genera entre sus protagonistas, el irresistible George Clooney y mi compatriota Jennifer López. La batalla entre la atracción y lo prohibido crea un aire muy seductor. Escena para recalcar: cuando los protagonistas quedan encerrados dentro del baúl de un carro...

7. *Flashdance* (1983)

Esta popular cinta de la década de los 80 (¿quién no copió la moda de cortar las sudaderas para dejar caer un hombro?) se coloca en mi lista por una escena en particular, donde se define lo que es comer seductoramente. Se trata del momento en que Jennifer Beals cenaba en un exclusivo restaurante con su novio, Michael Nouri, y acariciaba su entrepierna con sus pies por debajo de la mesa. Nada como ver la cara de un hombre mientras su fantasía sorprendentemente se convierte en realidad.

6. *Basic Instinct* (1992)

Esta película está repleta de escenas súper hot, pero ninguna marcó tanto al público como cuando Sharon Stone está siendo interrogada por la policía y vemos como cruza y descruza sus piernas. El poder de la fuerza, seguridad y seducción femenina en acción.

5. *Bull Durham* (1988)

Tanto esperar valió la pena. Esta película beisbolista mantiene a estos fervientes amantes sin consumar su pasión durante la mayor parte de la trama, pero cuando al fin lo hacen, Annie (Susan Sarandon) y Crash (Kevin Costner) se desbordan en romanticismo, entrega y erotismo. ¡El juego previo es de morir!

4. *No Way Out* (1987)

Una vez más, volvemos a contar con el aporte de Kevin Costner a una inolvidable escena cinematográfica muy sexy. En esta ocasión, se trata del momento en que, junto a la actriz Sean Young, nos enseña la mejor (hmmm, mejores) manera divertirse dentro de una limusina.

3. *Risky Business* (1983)

¿Quién no se enamoró de Tom Cruise cuando bailaba en camisa, medias y calzoncillos en *Risky Business*? ¡Tan BELLO! Pero bueno, no es exactamente el momento más hot de la película. Más bien tendríamos que fijarnos en la escena que comparte junto a Rebecca DeMornay a bordo de un cierto trencito... no les cuento más. Si no la han visto, ¡ya es hora que lo hagan!

2. *Ghost* (1990)

Esta romántica película tiene una escena que mezcla el amor con el erotismo, con un resultado maravilloso. Hacer cerámica nunca fue más sexy que en esta película... "Ditto!"

1. *9 1/2 Weeks* (1986)

La película más sexy jamás filmada presenta a Elizabeth (Kim Basinger) y John (Mickey Rourke) explorando desinhibidamente las fronteras de su placer sexual. Esta cinta erótica contiene varias escenas dignas de encabezar mi lista, pero para nuestros efectos, mencionaremos ciertos juegos eróticos con comida frente a la nevera, y un jueguito friíto pero a la vez muuuuy hot con un cubito de hielo. Ouch!

Música erótica

Ahora quisiera enfocar en la música, una de las maneras más efectivas de estimular nuestro sentido auditivo para provocar erotismo, excitación y deseo dentro de un contexto sexual. Pero no se trata de cualquier cancioncita romántica —aunque éstas a veces funcionan muy bien— sino de aquellas canciones que realmente apelan al erotismo y al sexo. Las canciones escogidas (muy arbitraria y subjetivamente por esta servidora) para esta lista pueden simplemente hacer referencia al sexo, ponerte en clima para el sexo, o ser excelentes acompañantes para el mismo acto sexual. Bueno, en realidad algunas logran los tres objetivos. Te presento estas Top Ten, y algunas menciones honoríficas, con toda la mejor intención de que expandas un poquito tu repertorio "sexo-musical" (palabra original de Tu Sexóloga, Alessandra Rampolla ☺) y que, como siempre, continúes disfrutando plenamente de tus encuentros íntimos.

10. *Justify My Love* - Madonna
Imposible hacer un listado de música sexy sin incluir a Madonna, ¿no te parece? Esta cancioncita en particular, escrita en colaboración con el delicioso Lenny Kravitz, resultó ser un clásico de la música erótica. Si no la escuchas hace un tiempito, la próxima vez que la pongas a sonar fíjate en el bajo y la percusión estilo porno que da vida a esta joyita musical y la letra directa y seductora que ha derretido a tantos. "I don't wanna be your mother, I don't wanna be your sister either. I just want to be your lover. Kiss me, that's right... kiss me..." Y bueno, sexóloga al fin, doy elogios sin fin a la siguiente frase: "Poor is the man whose pleasures depend on the permission of another..."

9. *Let's Get It On* - Marvin Gaye

La voz de este artista norteamericano, más allá de ser inconfundible, tiene un tonito grave y sumamente sexual, como pocos. A esa voz súper sexy se le añaden elementos musicales del Rhythm and Blues y letras como: "There's nothing wrong with me loving you… and giving yourself to me can never be wrong if the love is true… Let's get it on…" ¿Quién puede resistirlo?

8. *I Kissed A Girl* - Katy Perry

Ésta es, sin duda, una de mis canciones favoritas de los últimos tiempos. A pesar de que esta canción no es obviamente erótica —tiene un tonito más bien divertido y alegre, no exactamente seductor— se trata de una abierta proclamación de la posibilidad y la libertad ante la experiencia homosexual. Sin miedo, sin pedir disculpas, disfrutado por el mero hecho de disfrutarse. La idea de que la experimentación sexual —que en algunos casos lleva a la autodefinición de preferencia sexual— pueda ser vivida libre y francamente me parece un lema importante para abrazar.

7. *The Best of Sade* - Sade

¡No pude decidirme por una sola canción de esta cantante, así que les recomiendo este CD completito! ☺ Incluye canciones como *Smooth Operator, Your Love is King, No Ordinary Love* y *The Sweetest Taboo*. Es una compilación musical llena de sensualidad, con ritmos exóticos y dulzura de interpretación que la convierten en acompañante ideal para el más íntimo de los momentos en pareja.

6. *Quiero que me hagas el amor* - Ednita Nazario

"Quiero que me acorrales, en el rincón más íntimo… y enredada a tu cuerpo, te robaré el aliento…" ¿Realmente creen que sea necesario dar más explicaciones? ☺

5. *I Touch Myself* - The Divinyls

Es una realidad: el sexo no siempre es de a dos. De hecho, ¡a veces puede resultar aun más gratificante cuando se practica a solas! Y no existe tema dedicado a la masturbación como *I Touch Myself*. Esta canción no es sólo para aquellas personas que están solitas, sino que también es muy práctica para utilizarse en juegos de pareja... ¡imagina la cara de tu compañero el día que le hagas un bailecito estilo striptease al son de esta canción! Míralo fijamente a sus ojos y le cantas: "I want you, I don't want anybody else... and when I think about you, I touch myself... Oohhh... Aaahhh...". La coreografía te la dejo a ti.

4. *Tú sabes bien* - Ednita Nazario

La única reincidencia de esta lista es mi compatriota e ídola total, Ednita Nazario. ¿Quién puede resistir el pensar que "cuando el deseo entre en mi piel, imaginaré tu mano bajo mi falda"? Esta es, sin duda, una de las canciones más sexy de los últimos tiempos. Más allá del tonito pop suavecito de la canción, la letra es para morir, y la interpretación de Ednita, como siempre, llena de pasión. Un fabuloso ejemplo a seguir cuando queremos dejarnos ir envueltas en la lujuria del momento.

3. *Slave To Love* - Bryan Ferry

Y llegamos a las últimas tres canciones de esta lista... ¡absolutamente las mejores! Esta canción del inglés Bryan Ferry forma parte de la banda de sonido de la película *9 1/2 Weeks*, que reseñáramos anteriormente como la que contiene las escenas más eróticas del cine. Como bien dice su título, esta canción habla de la obsesión sexual, el juego erótico, la lujuria, el desenfreno en que se encuentran los amantes de la trama... ¡imperdible!

2. *Wicked Game* - Chris Isaak

Estoy segura que alguna vez tuvieron la oportunidad de ver el vídeo de esta canción y, por lo tanto, estoy segura que entienden por qué esta lista no hubiera estado completa sin incluirla. Uno de los videos más sexy jamás filmado (Chris Isaak y Helena Christiansen besándose en una playa… cinta en blanco y negro) acompaña a una de las canciones más sensuales de todos los tiempos. El tenor de la voz de su intérprete y el ritmo musical casi obligan a que el cuerpo responda en movimientos pélvicos sensuales… ¡tremenda hazaña para una canción! Mi línea favorita: "The world was on fire and no one could save me but you… It's strange what desire will make foolish people do".

1. *The Principles of Lust* - Enigma

¡¡¡Y llegamos a la música más erótica que EXISTE!!! Decidí dar mención especial a *The Principles of Lust*, por lo obvio de su título, pero también cabe resaltar otras canciones de este grupo, que pareciera basarse exclusivamente en componer e interpretar canciones que aludan al erotismo. Entre éstas, *Mea Culpa* y *Sadness* son de mis favoritas. Ritmos símiles a latidos del corazón, frases susurradas en francés y hasta cánticos gregorianos adornan la música de Enigma. Mi recomendación final: el disco compacto de éxitos. Pueden dejarlo tocar de principio a fin sin perder la ambientación erótica por un solo instante.

Algunas menciones honoríficas:

Crash - Dave Matthews
La flor de la mañana - Presuntos Implicados
Erotica - Madonna
Penélope - Robi Draco Rosa
One Night - The Corrs

Mil mariposas - Presuntos Implicados
Wake me up inside - Evanescence
¡CUALQUIER COSA de Barry White!

Pornografía

Pornografía: Nombre femenino compuesto de *pórne*, "ramera", y *gráphein*, "escribir, dibujar". 1 Descripción o representación de escenas de actividad sexual. 2 Obra literaria, artística, cinematográfica, etc., que describe, presenta o muestra actos sexuales de forma explícita con la finalidad de excitar sexualmente.

Pornográfico-a: Adjetivo. 1 Impúdico, deshonesto, verde, inmoral, sicalíptico, lascivo, obsceno, amoral.

¡Qué sinónimos tan feos! Partiendo de una definición que carga con tanta negatividad, no debe extrañar que la mayoría de las mujeres tratan de desligarse de cualquier tipo de asociación con el tema de la pornografía. Incluso, cuando se habla de pornografía, la tendencia es asociarla con la aparente fascinación que tienen los *hombres* con este material erótico. Sí, ellos... esos seres "sucios" y "perversos" que no hacen más que pensar en sexo. ¡Como si el pensamiento y la representación de la actividad sexual constituyeran suciedad y perversión a quien lo incorpora y utiliza! Es un tema en el que necesariamente entran en juego la moral y los parámetros de aceptación social de cada cultura.

Se nos ocurren miles de excusas para justificar que el uso y disfrute de material pornográfico es algo para ellos y no para nosotras. Algunas de estas excusas están más basadas en la realidad que otras, y en su totalidad, han generado una serie de mitos respecto a este tema. Revisemos algunos de los más comunes:

- Los hombres responden más a los estímulos visuales.
- Los hombres tienen "necesidades" sexuales que nosotras no tenemos.
- La pornografía existe para facilitar una actividad exclusiva de ellos, la masturbación.

Para no dejar lugar a dudas, comento sobre estos ejemplos. Primero, si bien los hombres por lo general responden más intensamente a estimulación visual que las mujeres, eso no quiere decir que nosotras no vayamos a responder a lo visual también. Además, al contrario de lo que muchas personas piensan, el material pornográfico no es sólo visual. Existen también estimulantes pornográficos auditivos, como lo son la música de índole erótica y los cuentos eróticos. Estos últimos son particularmente efectivos para la excitación y el disfrute sexual de la mujer, porque permite dar rienda suelta a la imaginación.

Segundo, los hombres NO tienen necesidades sexuales que nosotras no tengamos. Socialmente se les ha otorgado más libertad de explorar y disfrutar de su sexualidad y los componentes eróticos de la fantasía que a las mujeres, eso sí, pero no *necesitan* de material erótico para saciar esas "necesidades" sexuales de las que nosotras también gozamos.

Y por último, nada que ver con que la masturbación sea actividad exclusiva para el disfrute masculino. ¡Para nosotras también!

No cabe duda de que algunas mujeres directamente rechazan la pornografía, pero este rechazo tendría que comprenderse desde un contexto particular de lo que ofrece la mayor parte del material pornográfico que, hoy por hoy, existe en el mercado. Es un mercado primordialmente dirigido al hombre y, por lo tanto, las mujeres a menudo no logran identificarse con el material existente, ya sea porque insistentemente enfoca en el placer masculino y no en el femenino (penetración y penetración y más penetración) o porque estéticamente, las mujeres que figuran en la pornografía son muy distintas a la ama de casa promedio.

Sin embargo, y pese a esa falta de identificación propia, muchas mujeres disfrutan en cantidad de las imágenes y las fantasías representadas en la pornografía, ya sea a través de películas, fotografías o escritos eróticos (estos últimos también entran dentro del renglón de lo pornográfico, a pesar de que no se trata directamente de imágenes). De hecho, impulsados por la aceptación cada día más positiva de las mujeres al consumo de material pornográfico, el mercado poco a poco ha ido abriendo un espacio para material erótico dirigido específicamente a las mujeres. No es mucho, ni se compara con la gran variedad de la que disfrutan los hombres, pero al menos es un comienzo. En el ámbito de películas porno, por ejemplo, la casa productora "House O'Chicks" se especializa en buscar historias un poco más completas y en mostrar imágenes de placer sexual femenino, con mucho juego previo y estimulación de clítoris incluidas, de manera que las mujeres que consumen sus productos se puedan identificar debidamente. La ex estrella del cine pornográfico, Candida Royalle, hoy en día convertida en productora y directora de material explícito, también realiza producciones dirigidas a un público femenino. Y ni hablar de las novelas "románticas" que describen con todo tipo de detalles el proceso lujurioso en el que una mujer vibra de placer junto a su amado. ☺

El uso de material pornográfico dentro del contexto de una pareja puede tener grandes beneficios. Principalmente, existe la posibilidad de impartir variedad al juego sexual mediante la estimulación visual y auditiva que surge como consecuencia de mirar imágenes explícitas, escuchar los sonidos de sexo de otras parejas, o escuchar a tu pareja relatando una historia sexual. Además, se pueden integrar temas candentes de la fantasía de cada uno —de ésos en los que nos encanta pensar pero que no nos animamos a hacer en la vida real— a través del material erótico. También sirve como herramienta para aprender sobre los gustos y las fantasías de la pareja, así como para dar a conocer los propios.

Dada la oportunidad de experimentarlas, y la apertura mental de adentrarse en el disfrute de la representación de una serie de fantasías que tienen el poder de desatar nuestra imaginación, el material erótico pornográfico puede ser una fabulosa herramienta tanto para el hombre y la mujer individualmente, como para ambos en el contexto de la pareja. Esto no quiere decir que sea el ingrediente mágico que no puede faltar para que una pareja disfrute enormemente de su sexualidad compartida, pero sí es una fabulosa opción para aquellas personas a quienes de entrada, o de salida, les llama la atención.

33. El vibrador no tiene por qué ser juguete exclusivo para mujeres. Vuélvelo loco de placer acariciando su cuerpo —entrepiernas, vientre, perineo— con la intensa sensación que provee el vibrador.

34. Redescubre el arte del beso... bésalo durante 15 minutos, sin permitir que se toque NADA debajo de la cintura.

35. Mastúrbate frente a tu pareja. No sólo le estarás dando un espectáculo erótico sin igual, sino que también podrá aprender de tu técnica para mejorar como amante.

36. Inicia la actividad sexual. Te pone en una posición de poder sexual, y eso nada más puede rescatar tu libido.

37. Para activar un orgasmo de Punto G, usa posiciones de penetración posterior. Al penetrarte por detrás, el ángulo de la vagina le ofrece acceso directo a estimular tu punto mágico.

38. Para una felación de primera, varía las caricias orales: lame, chupa, mueve tu lengua de lado a lado, de arriba hacia abajo, en círculos alrededor de su glande... en fin, sé creativa con tu boca.

39. Mantén su interés mientras están alejados usando la tecnología moderna (correo electrónico, mensajes de voz, etc.) para dejarle mensajitos eróticos durante el día.

40. Anímate y acompáñalo a mirar una película porno...

41. Crea vibraciones con tu boca mientras le practicas sexo oral... le encantará la nueva sensación.

42. ¿Quién dijo que el sexo es para tomarse en serio? ¡Todo lo contrario! El sexo es la excusa perfecta para jugar con tu mejor "amiguito"... así que asume el rol que quieras, y ¡disfruta!

EN CUALQUIER ETAPA

———❖———

Iniciación

Un buen día, se convierte en hecho. ¡Nos iniciamos! Sin embargo, nuestro interés y curiosidad por el sexo surge muchísimo antes que nuestra iniciación oficial en pareja. Quiero que todas las mujeres que están leyendo este libro tengan una guía clara de qué esperar, y cómo manejar una decisión tan importante como es la de iniciarse sexualmente en pareja. Es por eso que incluí esta sección en el libro. Me interesa presentarles vehículos prácticos para que canalicen sus impulsos hormonales, sepan qué hacer con todo lo que sienten en ese momento y cómo manejar las situaciones confusas que podrían estar experimentando. Además, me parece importante mirar este momento, este proceso y esta toma de decisiones no sólo desde la perspectiva sexual y erótica, sino también tomando en cuenta los fuertes factores y presiones sociales que pueden complicar tanto el proceso de tomar este paso.

Si bien la iniciación sexual se puede dar en cualquier edad, según las circunstancias particulares de cada mujer, solemos iniciarnos cerca de o en la adolescencia propiamente dicha. Y es sobre todo a esta determinada edad cuando los mandatos y presiones cobran mayor importancia y tienen un gran impacto en nuestra vida.

Yendo por partes y en orden, quiero recalcar la importancia de que las mujeres nos acerquemos a esta iniciación sexual contando con ciertos saberes y entendimiento. Esto empieza con lo bien básico que es el conocimiento del propio cuerpo. Toda la información que incluí en el capítulo "Tu Cuerpo" es muy importante. Date una vuelta por allí y revisa qué tan bien conoces tu cuerpo. Mírate completita frente a un espejo y échate un vistazo desde distintos ángulos. Una mujer que no se conoce es una mujer que no está lista para iniciarse sexualmente, y mucho menos para estar en pareja. Como en todo, es necesario poder lidiar con lo absolutamente básico antes de poder continuar creciendo.

Mirarnos y poder reconocernos es increíblemente importante. Sobre todo cuando se trata de nuestras partes más íntimas. Piénsalo un poquito. En este particular, los hombres nos llevan una gran ventaja —en parte debido a que sus genitales están físicamente expuestos y tienen mayor acceso a ellos. El resultado es que desde que son pequeños, los hombres desarrollan un vínculo muy especial con sus penes. Tanto así, que hasta les ponen nombre… ¡como si tuvieran personalidad propia! Conocen sus penes de manera muy íntima. Nosotras, por otra parte, al tener nuestra genitalia más escondidita, necesitamos —literalmente— salir a explorar. Y la verdad es que la gran mayoría de nosotras nunca lo ha hecho. La desvinculación que tienen las mujeres con su genitalia es tal, que si una mujer tuviera una fotografía de su vulva puesta en una pared junto a muchas otras fotos de otras vulvas, seguramente no podría reconocer cuál es la suya. Con los hombres… nada que ver. ¡Ellos encontrarían su pene en un dos por tres! Y encima irían de inmediato muy orgullosos a reclamarlo como propio. Sin duda alguna, en este sentido los hombres son portadores de una confianza en la que las mujeres todavía tenemos que trabajar. Para nosotras la clave está justamente ahí: en conocernos. No importa tu edad, si aún no has comenzado este proceso, hoy es el día de tomar acción. Sin miedo, asómate. No te avergüences y no te menosprecies. Si quieres incluir tu sexualidad en tu "yo" completo, esto es imprescindible.

Dos palabras clave: ¡¡¡Anatomía y reconocimiento!!! ¡Acostúmbrate a mirarte!

También debes tener un reconocimiento de los signos de tu respuesta sexual. Esto tiene que ver con cómo se da el proceso de excitación en ti. Necesitas saber sobre las reacciones orgásmicas para que cuando las vivas, las reconozcas y puedas diferenciar entre sentirte excitada y estar en el pico de un orgasmo. Tu vida sexual será otra si la mejoras con estos saberes. Este libro es una herramienta fundamental para ello. **Nunca subestimes el poder de la información.**

Otro tema importante en el período de la iniciación sexual en esta etapa es aprender a manejar el tema de la presión social. Si eres adolescente tienes que aprender a decir que no cuando no estés lista y a sentirte cómoda con tu decisión; al igual que poder decir sí si lo sientes así. Y no abrumarte con los cargos de conciencia. Si eres responsable y estás haciendo todo de la mejor manera, ¡anímate!

Aquí no te estoy invitando ni a que tengas relaciones sexuales ni a que no las tengas, sino que el proceso sea bien pensado, bien analizado; una decisión tomada con entendimiento y responsabilidad.

Aunque a los adultos no nos gusta recordar ni admitirlo, la verdad es que cada persona, individualmente, es responsable por decidir cuándo, cómo, dónde y con quién iniciarse sexualmente. Por más que, como adultos, queramos dirigir a los más jóvenes, esta decisión siempre es personal. Podemos matarnos sugiriendo lo que nos parece la manera o el momento más adecuado para la iniciación (esperar hasta el matrimonio, a llegar a los 30, o al menos a la universidad), y de igual manera la otra persona puede elegir iniciarse cuando más le plazca, ignorando sugerencias y consejos. ¿O acaso tú esperaste a cuando tus padres te dieran permiso?

Siendo esto así en la mayoría de los casos, mi recomendación es que mínimamente sepan bien de qué se trata el asunto, que se sientan a gusto, que se protejan bien ante la posibilidad de embarazos no deseados o la contracción de enfermedades de transmisión sexual, y que se ocupen de velar por sus intereses psicológicos y emocionales, cuidando siempre sus sentimientos y su corazón. La primera vez será por siempre la primera vez, y cómo se viva esa primera vez a menudo tiene repercusiones a largo plazo. Así que, por favor, cuando te inicies, asegúrate de que sea la decisión mejor tomada posible.

Otro punto importante a considerar es con quién eliges iniciarte. Ten en cuenta que él o ella quedarán permanentemente inscriptos en su historia. Eso no te lo borra nada ni nadie. Entonces piensa, ¿vale la pena dar un papel de tanto protagonismo a tal y cual persona? Sólo tú sabrás la respuesta.

A menudo se dice que la primera relación sexual es traumática. Si bien esto no tiene por qué ser así en todos los casos, son dos los motivos principales para que esto pueda suceder: la falta de información y los nervios. Y debo advertirte, amiga, que la falta de información suele tener peores consecuencias que los propios miedos. Todo lo nuevo nos provoca miedo y algo de nerviosismo. Pero tu conocimiento previo ayuda a que tengas una idea de qué esperar, y suma muchísimo a que manejes un buen nivel de seguridad propia. Además, si has elegido a un compañero o una compañera con quien te sientas realmente a gusto, podrás apoyarte en él o ella. Al existir confianza, se minimizan los nervios, porque la situación está sustentada en el vínculo afectivo que los une. Todo es más llevadero. Si bien no siempre se puede pretender que cada cual se inicie teniendo la madurez y la sensibilidad que idealmente serían indicadas, por lo menos es importante que te sientas contenida. Si hay cariño y un lindo vínculo afectivo, todo será más llevadero. Piensa que la actividad sexual te pone en una situación de vulnerabilidad emocional y física que genera, de entrada, miedo e inseguridad. Si a eso le sumas que no conoces, que no confías o que simplemente no estás a gusto con la otra persona, la experiencia puede ser bien fea.

Siempre es mejor saber con quién se está. Si te encuentras con alguien cuyas intenciones no conoces, esto también se suma como otro factor de ansiedad. Si luego de compartir un momento tan íntimo e importante tu pareja va y se lo cuenta a Raimundo y a todo el mundo, seguramente no irás a estar muy a gusto… y ni hablar de las consecuencias negativas que puede traer a tu vida el tener que cargar con nuevos matices en tu reputación. Este punto es particularmente difícil de manejar en la adolescencia, momento en el que típicamente no se quiere sobresalir demasiado, y menos como consecuencia de una reputación cuestionable. Así que ya sabes, es súper importante que elijas bien a tu pareja.

Para muchas chicas, uno de los miedos primordiales a la hora de iniciarse sexualmente en pareja tiene que ver con la expectativa de que ésta sea físicamente dolorosa. De hecho, la rotura del himen, en general, puede ser dolorosa. Este dolor se exacerba cuando la mujer no está bien lubricada, y la lubricación se inhibe drásticamente ante el miedo y la ansiedad. Tremenda ecuación, ¿no te parece? Así que resulta que tu propia ansiedad ante la iniciación sexual en pareja contribuye a que potencialmente sientas dolor en tu primera penetración vaginal. Por lo tanto, es importantísimo no sólo acudir a la ayuda de un lubricante artificial para facilitar la penetración, sino también relajarnos, estar contenidas, informadas y seguras. Es importante tomar las cosas con calma y bajar las revoluciones.

Las mismas recomendaciones dadas para quienes se inician en la adolescencia, se repiten para quienes se inician más adultas. Los puntos a tener en cuenta serán los mismos. Sí pueden ser distintos los causantes de la ansiedad propia de este momento. Una mujer de treinta años, por ejemplo, probablemente no se enfrentará al problema de tener una pareja que no la contenga, pero puede cargar con otras cosas. El tema del estrés es importante. Si has esperado, es importante que tomes las decisiones correctas como para sentirte cómoda. Es más, si has esperado, ¡por algo lo has hecho! Por lo tanto: respeta tus necesidades. Hay personas que piensan al revés, prefieren sacarse el tema de encima y acostarse con cualquiera para no sentir que cargan con ese tema. Ojo con el lugar en que esto te puede dejar. A ti y a tus sentimientos.

Por otro lado, existe otro punto a tener en cuenta, que puede ayudar y mucho, a la hora de afrontar el a veces engorroso tema de la iniciación sexual. A determinada edad, y cuando aún uno no se ha iniciado sexualmente, hay que lidiar con hormonas que andan revoloteando por todas partes, con cierta excitación, con deseos que todavía no se han cumplido. Y todas estas sensaciones deben ser canalizadas de alguna manera. Cuando algo te provoca curiosidad es muy seductor el dejarse llevar por lo que uno está sintiendo. Pero no siempre se está listo para hacerlo. También hay que tomar la decisión de una manera que complemente la parte de lo que sientes y la parte de lo que piensas. No somos animales que nos dejamos llevar únicamente por el instinto y por los cosquilleos en la genitalia. Debemos pensar un poquito las cosas, porque tienen repercusiones. Entonces una persona adolescente o adulta que no se ha iniciado anteriormente es mejor que haga las cosas pasito a pasito. Se pueden utilizar determinadas herramientas previas al coito propiamente dicho y dejar las relaciones para el momento en que uno sienta que está preparado. Es mucho más fácil esto que entrar de cero a una relación coital tradicional completa que uno siente que posee una carga adicional. Pensemos por ejemplo en las caricias. ¿A quién no le gusta ser acariciado? Es una de las experiencias sensoriales que más nos calienta el alma, llevándonos en muchas ocasiones a experimentar sensaciones de bienestar y seguridad, tal como cuando éramos niños. Sin duda alguna, sentir la caricia de un ser amado es uno de los grandes placeres de la vida. Es conexión e intimidad, tanto física como emocional. Es transmisión de energía, electricidad entre personas, comunicación sin el uso de palabras.

Dicen por ahí que acariciar es todo un arte. Para acariciar utilizamos primordialmente el tacto, el cual ejercemos a través de la piel, el órgano sensitivo más grande del cuerpo. ¿Qué hace de estas caricias a la piel una experiencia tan placentera? La segregación de endorfinas. Físicamente hablando, las caricias estimulan la liberación de endorfinas en el cuerpo, y éstas son las responsables de darnos esas sensaciones súper ricas de alegría y bienestar. Por lo tanto, no se trata simplemente de una serie de sensaciones emocionales o impulsadas por una cuestión psicológica, sino que fisiológicamente hablando existe una respuesta al cuerpo que mejora el estado anímico del ser humano. La famosa "piel de gallina" que nos ganamos tras algunas caricias impulsa una serie de consecuencias que resultan ser muy beneficiosas.

Cuando se habla de las caricias y el sexo, definimos su especialidad y su exclusiva actividad con la persona con quien nos relacionamos sexualmente. La caricia es una de las primeras formas de contacto que utilizamos dentro del cortejo sexual y, desafortunadamente, es una forma de contacto que poco a poco vamos abandonando. En esta etapa de iniciación puede ser muy placentero ejercitar las caricias en vez de saltar de lleno a ciertas formas más directas y agresivas de estimularnos, para las cuales podemos no sentirnos del todo preparadas.

Además, como en toda iniciación, las caricias constituyen una excelente herramienta para conocer el mapa erótico de cada persona. Nuestras zonas erógenas pueden ser descubiertas fácilmente mediante la estimulación táctil (propia o proporcionada por la pareja), dejándonos saber qué nos gusta y excita. También quiero destacar la gran importancia de las caricias en cuanto a pronosticar la calidad de nuestras relaciones sexuales. Existe una relación directa entre la cantidad de tiempo que se dedica a la estimulación propia y de la pareja, y el placer que se puede llegar a sentir. O sea, entre más tiempo se dedique a las caricias —generalmente mediante juegos previos— mayor suele ser el placer experimentado en la relación sexual.

A pesar de que los hombres disfrutan y se benefician de las caricias, ¿se han dado cuenta de que nosotras, las mujeres, tradicionalmente exigimos más caricias que ellos? Como todo, esto también tiene su razonamiento lógico: por una parte existe un mayor grado de emotividad intrínseca a la feminidad y, por otra, la fase de excitación de nuestro ciclo de respuesta sexual es mucho más lenta y prolongada que la masculina, así que necesitamos más tiempo y más caricias para prepararnos con respecto a lubricación y dilatación vaginal previo a un encuentro coital.

En algunos países, el concentrarse en juegos de caricias es conocido como *petting*. El petting no es nada más que los juegos sexuales que no incluyen el coito. O sea, acariciar, besar, estar apretujaditos, etc. Es considerada una alternativa válida en ciertas circunstancias y dentro de determinadas edades en particular, por eso lo recomiendo especialmente durante la adolescencia, cuando todavía no se está preparado psicológicamente para una relación sexual que incluya la penetración. De hecho, los estudios señalan que entre los primeros contactos sexuales entre adolescentes y la realización de una primera relación coital, suelen transcurrir varios años. También es aconsejable como una variante de tener sexo más seguro y para la prevención de embarazos no deseados. Como ves, las caricias son sumamente importantes en lo que a satisfacción sexual respecta. Es por eso que presento el petting como una importante opción para ir conociendo tu cuerpo. Es una alternativa para canalizar el impulso sexual, como un aprendizaje de caricias y como una base de lo que va a ser toda la relación sexual en pareja siempre. Si bien la penetración es importante, de lo que realmente se nutre la relación sexual es del petting. Cuando uno ya está adentrado en prácticas sexuales completas, a lo que siempre aspiramos es a volver a recordar lo que hacíamos en la adolescencia: todos esos juegos previos, esas caricias, esos momentos en los que podías estar horas tirada en la parte de atrás de un carro junto al otro acariciándote, besándote y abrazándote, sin llegar a "meter mano". Bueno, de eso se trata el grueso de la excitación sexual. El entrenamiento previo que tenemos antes de iniciarnos es lo que nos va a dar más material para cuando después de iniciados podamos incorporar variedad y disfrutar del sexo. Entonces el petting es súper importante.

Otra forma de canalizar esos normales y naturales impulsos sexuales, a la vez que te vas conociendo, es la masturbación a solas. Cuando no tienes pareja o cuando simplemente no te sientes lista aún para compartir en pareja, la masturbación te provee una manera de canalizar tus impulsos sexuales, de sentir mucho placer, de experimentar orgasmos y de fantasear. Una vez que te sientas satisfecha eróticamente, será mucho más fácil aguantarte las ganas y usar tu cerebro para tomar decisiones.

Lo que deseo resaltar entonces para que tengas en cuenta en tu iniciación es, básicamente, que te hagas cargo de las sensaciones, sentimientos e interés que giran en torno a la sexualidad. Conocernos teórica y prácticamente de manera individual mediante la experimentación y la autosatisfacción. El tema de acariciar y autosatisfacer como vehículo para no tener que adentrarnos directamente en la relación sexual. Perdernos en fantasías, utilizar la parte erótica mental… a todo esto luego se le sacará muchísimo provecho a lo largo de la vida en futuras relaciones sexuales en pareja. Hacerse cargo de las consecuencias de las relaciones sexuales. Protegerse de embarazos no deseados y contra enfermedades de transmisión sexual es algo básico, donde no vamos a tomar nada al azar. De una primera relación sexual penetrativa puedes contagiarte una enfermedad y puedes quedar embarazada. Estoy convencida de que simplemente NO ES POSIBLE disfrutar del sexo si tu cabeza está preocupada por un posible embarazo no deseado o por la potencial contracción de una enfermedad. Tienes que usar el condón **siempre siempre siempre**... sí o sí. Hoy por hoy, es la única manera de prevenir contagio de enfermedades. Si además del condón quieres añadir algún otro método anticonceptivo, bienvenido sea. Pero no dejes de usar el preservativo. El método básico para quien se esté iniciando tiene que ser el condón.

Aprovechemos un momentito para repasar algunos métodos anticonceptivos y de protección sexual, y sus características:

CONDÓN

Es una funda de látex que se coloca sobre el pene, evitando así el contacto de flujos peneanos y flujos vaginales antes, durante y después de la eyaculación. Es el único método anticonceptivo que a su vez sirve como barrera para evitar el contagio de enfermedades de transmisión sexual. Cuando se usa regular y correctamente, tiene un índice de efectividad anticonceptiva de hasta un 97%.

CONDÓN FEMENINO

Es una funda de poliuretano con dos anillos flexibles en cada extremo que se ajustan a las paredes de la vagina. Uno de los extremos está cerrado, mientras que el otro permanece abierto. Funciona atrapando el semen una vez que es eyaculado dentro de la vagina. Su efectividad anticonceptiva es de un 95%, mientras que su efectividad como barrera de transmisión a enfermedades venéreas es de un 97.1%.

ESPERMICIDAS

Pueden ser óvulos, cremas, jaleas o espumas. Los que contienen nonoxynol-9, una especie de detergente, destruyen la pared de los espermatozoides. Su efectividad anticonceptiva es de un 80%.

PASTILLAS ANTICONCEPTIVAS

Seguramente el método anticonceptivo más popular en la actualidad, se trata de pastillas hormonales que se consumen oralmente. Vienen en una variedad de combinaciones hormonales que básicamente logran suprimir la ovulación en la mujer, imposibilitando así el riesgo de embarazos en más de un 99% de los casos, cuando se utilizan correcta y regularmente. Sin embargo, no proveen ningún tipo de protección ante enfermedades de transmisión sexual.

INYECCIONES HORMONALES

La más conocida es la Depo Provera, con un efecto anticonceptivo que dura aproximadamente tres meses. Algunas mujeres experimentan aumento de peso y períodos irregulares como consecuencia de su uso. Lunelle es otra inyección hormonal, pero mensual. Contiene una combinación de estrógeno y progesterona que trabajan en conjunto. La eficacia de las inyecciones hormonales, cuando son suministradas adecuadamente, excede el 99%. Como otros métodos anticonceptivos hormonales, Depo Provera y Lunelle funcionan inhibiendo la ovulación. Cabe resaltar que estos métodos anticonceptivos no proveen ningún tipo de protección contra enfermedades de transmisión sexual.

PARCHE ANTICONCEPTIVO

Recientemente aprobado por la FDA, el parche anticonceptivo es una de las opciones más convenientes para aquellas mujeres que desean la seguridad de un método anticonceptivo hormonal con la comodidad de no preocuparse por ello a diario, como es el caso de quienes usan la píldora anticonceptiva. Este pequeño parche (de 4 x 4 centímetros) se coloca directamente sobre la piel y se cambia semanalmente. Funciona transmitiendo hormonas a través de la piel, hasta el flujo sanguíneo. Las hormonas que contiene el parche son similares a las utilizadas en píldoras anticonceptivas, por lo que los efectos secundarios del parche son similares a los de la píldora. Éstos, sin embargo, no son graves en su mayoría. La efectividad de este método es muy alta, y una de sus ventajas más destacables es que no interrumpe la actividad sexual, permitiendo así que ésta se dé con mayor naturalidad, relajación y espontaneidad. Sin embargo, esta alternativa no protege contra el VIH u otras enfermedades transmitidas sexualmente.

ANILLO VAGINAL

El anillo vaginal para la contracepción es un anillo transparente muy flexible que la mujer coloca por sí misma en su canal vaginal. Este anillo permanece dentro de la vagina de la mujer por espacio de un mes, y provee protección hormonal para prevenir embarazos. Al igual que el parche anticonceptivo, el anillo vaginal no interrumpe la actividad sexual de ninguna manera, ni tampoco protege contra enfermedades de transmisión sexual. Previamente debe consultarse con un médico para asegurarse que la mujer es buena candidata para recibir el tipo de hormonas que administra el anillo. Una ventaja adicional a la alternativa del parche, es que el anillo se cambia mensualmente y no semanalmente como el parche. Su nivel de eficacia es muy alto, como en todos los métodos hormonales.

CAPUCHÓN CERVICAL Y DIAFRAGMA

Estos métodos de barrera son muy similares entre sí. Se trata de capuchones de goma suave (el capuchón cervical más pequeño que el diafragma), que se colocan sobre la apertura del cérvix de la mujer (apertura del útero), evitando de esta manera que los espermatozoides puedan entrar al útero y fertilizar un óvulo allí. Estos capuchones de goma se utilizan en conjunto con cremas espermicidas de manera que también se vayan matando los espermatozoides al contacto como prevención, en caso de que el aparato se haya colocado incorrectamente. Su efectividad, cuando es usado correcta y consistentemente es de un 91%; sin embargo, el promedio de las parejas sólo reporta un 75% (capuchón cervical) y un 80% (diafragma) en la efectividad de cada método con fines de prevención de fertilidad.

DIU (DISPOSITIVO INTRAUTERINO)

Es un pequeño objeto de plástico que se coloca en el útero de la mujer. Es un anticonceptivo mecánico, que afecta la fertilización alterando la transportación del óvulo hacia la cavidad uterina, además de producir cambios en el moco cervical que impiden el paso fácil de los espermatozoides. Adicionalmente, genera variaciones en la membrana interna del útero, impidiendo así la implantación. Su efectividad oscila entre el 98-99%. Este método anticonceptivo no se recomienda para mujeres que no han estado embarazadas previamente.

ANTICONCEPTIVO DE EMERGENCIA

Existen dos métodos de anticoncepción de emergencia, la hormonal (la famosa pastilla del día después) y el dispositivo intrauterino colocado en caso de emergencia. Del DIU recién comentamos, así que voy a centrar mi atención en la pastilla del día después. Estas pastillas contienen progestina o una combinación de progestina y estrógeno.

La anticoncepción de emergencia funciona evitando la liberación o la fertilización de un óvulo. No provoca abortos. La pastilla debe tomarse lo más rápido posible (en las primeras 72 horas luego del incidente sin protección), para aumentar las posibilidades de que funcione adecuadamente. Bajo orden y supervisión médica, también se pueden usar altas dosis de pastillas anticonceptivas regulares como anticoncepción de emergencia.

La pastilla del día después SÓLO debe usarse en caso de emergencia, entiéndase luego de un accidente (si se rompe un preservativo) o alguna agresión sexual (una violación, por ejemplo). No es recomendable que se sostengan relaciones sexuales sin protección regularmente para entonces recurrir a este método anticonceptivo. Su efectividad es de aproximadamente un 80%.

La consulta médico-ginecológica, antes de la utilización de cualquiera de estos métodos, es indispensable, pues nos dará la tranquilidad de saber que estamos utilizando bien el producto, lo que acrecienta su eficacia y, por sobre todo, nos asegurará el cuidado de nuestra salud. Dos aspectos que, asociados, nos liberarán de cargas psicológicas extras y nos permitirán disfrutar a fondo de nuestra preciada y necesaria intimidad sexual.

Sexy soltería

La sexualidad es una dimensión del ser humano en la que se experimentan el placer, la comunicación, el cariño, y por supuesto, la reproducción. Si bien la reproducción se vincula directamente a la sexualidad, tenemos claro que la sexualidad no tiene directa y exclusiva finalidad reproductiva... ¡y menos durante la sexy soltería! Por el contrario, la ansiedad que puede provocar el miedo a un embarazo no deseado, es uno de los más fuertes enemigos a los que se enfrenta nuestra respuesta y disfrute sexual.

Afortunadamente, vivimos en tiempos en los que la ciencia nos puede proveer varias alternativas para el control de la natalidad. Hoy podemos reducir en gran medida la preocupación por embarazos no planificados. Es tan sencillo como educarnos bien y elegir el método anticonceptivo que más le convenga a cada cual.

De más está decir que en esta etapa, al igual que en la anterior, es bien importante que te cuides. Si le pasaste por encima, regresa y repasa con mucha atención la información sobre métodos anticonceptivos antes de continuar con este capítulo. Cuando mantenemos relaciones sexuales casuales, es imprescindible utilizar condón. Puedes decidir junto con tu pareja —si tienes una relación estable— dejar de cuidarte luego de hacer los análisis correspondientes y la revalidación de los mismos, pero tienes que saber que allí estás confiando 100% en la otra persona y esa persona en ti. Mientras exista el deseo de estar absolutamente seguro, siempre es mejor cuidarte.

Ahora sí, concentrémonos en la sexy soltería. En esta etapa entramos en la exploración de alternativas de cómo manejar la vida sexual siendo adultas sin estar casadas ni en una relación monógama a largo plazo. Aquí hay una invitación a quien tenga ganas de experimentar, ¡éste es el mejor momento para hacerlo! Esto no quiere decir que si justo estás en pareja o simplemente no sientes el impulso curioso de inventar, que tengas que hacerlo. Nada es obligado. Pero si eres de las mujeres que sí tienen ganas de vivir nuevas experiencias, como podría serlo un trío, sexo casual, o un jugueteo lésbico, para muchas mujeres la libertad de vida que provee esta etapa es ideal.

Todo lo que se te pueda ocurrir es una alternativa válida siempre y cuando te responsabilices de tus decisiones. Protegerte, obvio, y ser muy clara con lo que quieres, es súper importante. Si vas a tener relaciones sexuales casuales tienes que dejarle saber al otro que no estás buscando nada en serio. No se trata de andar por la vida rompiendo corazones. Sé adulta, y siéntete a gusto con lo que estás haciendo, disfruta la etapa que estás viviendo. Adueñate de tu presente, y el día que te deje de funcionar porque necesitas más contención emocional, quieras profundizar en una relación o simplemente busques estabilizarte, entonces tomas esa determinación. Las reglas las vas dictando tú.

Para lograr que tu sexy soltería sea una etapa súper creativa y divertida, te recomiendo lo siguiente:

Si alguna vez te has preguntado qué actividad erótica podrías desplegar para que tus parejas masculinas queden absolutamente locas y perdidas de pasión y deseo, aquí una receta. Para muchas mujeres, la mente erótica masculina continúa siendo un oscuro misterio… ¡y ya es hora de terminar con eso! Con el propósito de brindarte absolutamente los *mejores* tips, me encargué de realizar una pequeña encuesta entre varios hombres, y elaboré consejos a partir de los resultados obtenidos.

La pregunta principal fue sencilla: "¿Cómo sería la mujer perfecta para ti en la intimidad?" Y las respuestas, básicamente, fueron las mismas: "creativa", "desinhibida", "activa", "fogosa", "segura de sí misma", "expresiva" y "comunicativa". Tiene sentido, ¿no crees? ¿A quién le gusta tener relaciones con una pareja que no participa activamente del sexo? Si a ti no te gusta, créeme que a ellos tampoco. Generalmente, las mujeres pensamos que el rol activo en una relación les corresponde a los hombres; que ellos son quienes deben iniciar los encuentros sexuales, y saber a la perfección paso a paso lo que tienen que hacer para brindarnos el mayor placer sexual. ¡Esto no tiene por qué ser así! Para empezar, deberás instruirlo con lo que específicamente te guste, pues no se le va a ocurrir por obra y gracia del Espíritu Santo. Se requiere cierta práctica y tarea previa, pero confío en tus talentos naturales, imaginación, y sobre todo en la seducción femenina, que tiene mucho de puro instinto. En caso de no haberlo hecho hasta el momento, aumenta tu repertorio sexual. Te aseguro que si te haces "experta" en estas áreas, ¡tendrás a tu hombre comiendo de la palma de tu mano!

- *Vístete para él.* Es paradójico realmente. Pensamos que los hombres se la pasan desvistiendo con sus ojos, y que lo que más desean es quitarnos todo. Pero, el detalle de añadirse una tanguita, un sostén push-up, un par de tacones altos, lencería de encaje, ligas y portaligas, transparencias… hará maravillas. Recuerda siempre que los hombres responden muy fuertemente a la estimulación visual, y verte insinuante y "vestida para matar" despertará nuevas sensaciones. Así que… ¡una excusa más para irte de shopping!

- *Desvístete para él*. Sí, ya sé, estoy confundiéndote. ¿Acaso no acabo de sugerir que te vistas? Pero bueno, el tema es CÓMO desvestirse. Por el mismo poder que la estimulación visual ejerce sobre ellos, ver cómo lentamente las ropas se escurren de tu cuerpo, lo transformará. Un buen striptease les resulta irresistible. Regla N° 1: míralo fijamente a los ojos y no dejes que te toque. La seducción del desvestir está en crear la expectativa de lo que está por venir y de tenerlo tan cerquita y a la vez taaaan lejos. Baila, aprende a moverte seductoramente, que la imaginación se apodere de ti, ¡y de él!

- *Aprende a dar una felación de primera*. El acto sexual más codiciado por los hombres —de acuerdo con mi encuesta— fue el sexo oral. ¿Qué mejor manera de rendir tributo a su amigo y compañero incondicional que con caricias orales? Además de ser un acto sumamente íntimo, las caricias que proveerán tus labios, lengua y saliva serán inigualables. Sé creativa, cambia el ritmo con el que mueves la lengua, concéntrate en el glande del pene, no olvides a los amigos testículos, usa las manos como acompañamiento, y ten mucho mucho cuidado con los dientes. Más que nada, déjale saber que tú también lo estás disfrutando. Volviendo a la estimulación visual, pocas imágenes resultan más eróticas para un hombre que ver a su pareja realizándole una felación mientras ella lo mira fijamente a los ojos...

- *Proponle una opción diferente*... Sacarlos de la rutina sexual no resulta fácil, pero para ellos es muy atrayente, aquí las opciones son muchas... desde posiciones nuevas hasta utilizar los lugares más insólitos... ¿por qué no añadir un postre especial para la cena? Vístete sin ropa interior, y luego de una cena tradicional, empuja los platos y cubiertos, siéntate sobre la mesa, rodéalo con tus piernas y proponle tu cuerpo como postre… linda sorpresa, ¿no?

Si deseas que los hombres te busquen con anhelo, debes participar activamente en las relaciones, brindarles lo que ellos quieren y saber obtener desde allí las mejores recompensas. Notarás cómo, al verte activa y dispuesta, ellos querrán complacerte de igual manera y se preocuparán por devolver esas atenciones. La gran mayoría de las veces los hombres manifiestan que les enciende más una mujer que demuestra el deseo y avanza, que aquella que simplemente mantiene un rol pasivo y sólo espera. Es precisamente esa libertad de expresión, ese enfoque puro y absoluto en el compartir sexual y el placer derivado de éste, lo que tanto les apasiona.

Así que… a volverlos locos de deseo y placer… ¡que eso es lo que ellos quieren!

Monogamia hot

En este momento quiero invitarte a que releas el apartado de la sensualidad y de estimulación de los sentidos. Entonces, quiero explicarte que la manera más fácil de incluir variedad en tus relaciones sexuales es justamente enfocando en alguno de tus sentidos y en algún tipo de estimulación distinta. Verás cómo te cambiará el panorama y la monotonía. Si de repente pusiste una buena bombilla roja en tu lamparita de noche, en un normalito martes por la noche, ya estarás generando un cambio. Te suma algo distinto. De repente, ¡te transportas al burdel! El día que prendiste un incienso en la habitación y te sientes que estás en un harén también logras cierto aire distinto y novedoso. Cuando le vendaste los ojos a tu pareja con un par de medias o un pañuelo que justo tenías a la mano, enalteces sus otros sentidos y se genera una experiencia más sexy y erótica. Todo esto imparte variedad y te cambia la experiencia. Lo más importante que tenemos que hacer para tener una monogamia hot es no permitirnos caer en la rutina. Y si hemos caído en la rutina debemos trabajar activamente para salir de ella.

El hecho de que el sexo no sea rutinario impulsa también el deseo sexual porque te mantiene interesada en la actividad sexual.

Uno de los motivos más importantes que dañan la relación erótica en la monogamia es que te aburres porque siempre haces lo mismo y además estás acostumbrado a tu pareja. Como ya no hay novedad con la pareja en sí, hay que trabajar en que las circunstancias y las experiencias sí sean novedosas. Cuando te mantienes interesada en el tema de la sexualidad, se facilita muchísimo el que lo mantengas como prioridad en tu vida. Cuando te empiezas a aburrir y pierdes interés, naturalmente baja de categoría. Al bajar de categoría, desaparece el tiempo disponible porque ya no es algo tan importante en tu vida. Son cosas que van de la mano para mantener la relación de pareja activa, interesante, variada e importante a nivel de prioridad. Asegúrate de que el sexo no se convierta nunca en el último ítem en tu listadito del día, ¡o de la semana!

Por supuesto que el hecho de que la calidad de la relación sexual sea buena intensifica muchísimo el vínculo con tu pareja. A mí me preguntan miles de veces cuán importante es el sexo en una relación de pareja. Y te cuento. Yo creo que el sexo es súper importante, pero no creo que sea lo *más* importante. Creo que si el sexo funciona bien, esto suma muchísimo a la relación de pareja. Pero te vas a dar cuenta de que para que el sexo funcione deben funcionar también otras cosas. Si tú no respetas a tu pareja, si no le tienes confianza, si no hay honestidad, si no hay comodidad… no sirve nada. Pero igual, si tienes respeto hacia tu pareja, confianza, eres honesta y te sientes cómoda, pero el sexo no funciona, o simplemente es de mala calidad, tampoco funciona la cosa. De hecho, se desvalida la definición de relación de pareja, que necesariamente incluye el componente sexual y erótico.

Hace muchos años, mientras estudiaba sexología en la ciudad de San Francisco, un profesor comentó sobre un estudio que se había realizado en la Universidad de Michigan. El mismo se basaba en observar las reacciones de un grupo de estudiantes universitarios de ambos géneros, que fueron expuestos al mismo vídeo de sexo explícito durante cuatro días. La mayor parte de los participantes experimentaron excitación la primera vez que miraron el vídeo. El segundo día, todavía gustaba y reaccionaban. Para el tercer día, sus reacciones fueron mucho más contenidas. Al cuarto día, algunos ya estaban aburridos. Reunieron a los estudiantes un quinto día para mostrarles un nuevo vídeo con los mismos actores pero utilizando nuevas técnicas sexuales… y la excitación volvió a aparecer en ellos, tal y como el primer día.

¿Cuál es la lección que aprendemos de este estudio? Que los seres humanos necesitamos variación para no perder el interés en el sexo. Una de las quejas más frecuente que recibía por parte de mis clientes cuando atendía en práctica privada era que sus relaciones se volvían monótonas y que esto contribuía a la pérdida de deseo sexual de las partes. Como aquel anuncio de televisión donde iba la señora por los pasillos del supermercado… todas las latas en los anaqueles eran iguales, grises, del mismo tamaño… y se escuchaba la voz del narrador que decía: "lo mismo, lo mismo, lo mismo…". ¡No podemos permitir que esto nos suceda! Es hora de tomar acción, revivir y mantener la pasión sexual en nuestra relación.

Existen muchas maneras de condimentar nuestras relaciones sexuales. Podemos ocuparnos por estimular los sentidos (gusto, tacto, olfato, audición y visión), incorporar juguetes sexuales a la intimidad, alternar entre e inventar nuevas posiciones, variar la duración de la relación (desde el *quickie* hasta el sexo tántrico), explorar fantasías sexuales, ¡o aventurarnos a tener sexo en sitios prohibidos o inesperados!

Esta última es una manera fácil y espectacular de realzar la experiencia sexual. ¿Quién dijo que el sexo sólo debe practicarse sobre una cama? El buscar y encontrar sitios nuevos para hacer el amor permite y promueve la espontaneidad sexual o, en el caso de haber sido planificado, puede proveer ricos matices para fomentar la fantasía y el anhelo del encuentro sexual.

Para ayudarles a comenzar el libre flujo de ideas, propongo las siguientes sugerencias:

EL BAÑO

¡El baño es uno de los mejores lugares para una escapadita impromptu! Imagínense estar en una fiesta en casa de algunos amigos y desaparecerse juntitos para unos minutos de pasión… ¿Y qué me dicen de hacer el amor volando a 30.000 pies de altura? Claro, los servicios sanitarios en los aviones son muy pequeñitos… pero eso es parte del reto, ¿no?

EL AUTOMÓVIL

Éste es un clásico. Son muchas las parejas que pierden su virginidad dentro de un auto… ¿por qué no recordar viejos tiempos? Hacer el amor en un carro tiene el valor añadido de estar "fuera" y a la vez dentro de un espacio contenido. Claro está, siempre existe el riesgo de ser encontrados, lo que resulta sumamente excitante para algunas parejas. ¿Y qué tal una vueltita por la ciudad en limusina? Mmmmm… Mi sugerencia para aquellas parejas más tímidas o que sencillamente no deseen tomar el riesgo de que alguien los encuentre "in fraganti" es que se aventuren en el auto dejándolo estacionado dentro del garaje de la casa. De igual manera, se sentirán como adolescentes.

LA PLAYA

Uno de los lugares más románticos por excelencia es la playa. Y en mi país, Puerto Rico, no hay escasez de ellas. Hice una pequeña encuesta criolla sobre este punto, y los resultados fueron muy variados… un día de semana entre los mangles de Caracoles en La Parguera (vengan de vacaciones y ya verán)… en la parte llanita del agua, de noche bajo un cielo estrellado… sobre una sábana en la arena… hamacándose con las olas del mar anclados en un bote…

EL TECHO

¿Alguna vez subiste a la azotea de algún edificio con tu pareja? La vista puede ser espectacular, generalmente hay mucha privacidad, y están al aire libre. ¿Qué más se puede pedir? Otra buena opción es subir al techo de la casa... llevar una cobija mullidita, unas copas, una botella de vino, y tirarse a mirar las estrellas... el resto lo dejo a tu imaginación.

AL AIRE LIBRE

Definitivamente hay algo muy seductor ante la idea de hacer el amor al aire libre. La posibilidad de poder ser descubiertos excita a más de uno, y para otros, el contacto cercano con la naturaleza es sumamente sensual. Hagan el amor sobre la grama, en un parque de día... o en el green de un campo de golf...

ASCENSORES

¿Recuerdas la canción de Aerosmith, *Love in an Elevator*? Pues ya ves, hasta se han escrito canciones sobre este inesperado y excitante lugar para la intimidad sexual. ¿Por qué no dejar de lado por unos minutos su uso común y experimentarlo? Eso sí, no se demoren mucho, que si los pesca la señora del 5° B van a tener que rendir cuentas...

LA OFICINA

Una fantasía muy común es sostener relaciones sexuales en lugares o situaciones que generalmente no se asocian con sexualidad. ¿Qué menos sexy que la oficina? Y a la vez, ¿existe algo más sexy? Imagínate una hora de almuerzo, haciendo el amor sobre tu escritorio... (con la puerta trancada, claro está).

LA CASA

Las casas o apartamentos tienen un sinnúmero de posibilidades para encontrar variedad sexual. ¡Sal de la habitación! "Bautiza" cada rinconcito del hogar, desde el pasillo al sofá de la sala, el cuarto de lavandería, la mesa del comedor, el patio interior, el escritorio, el balcón, ¡¡¡y hasta la cocina!!! (mientras hierve el agua de la pasta…).

Como verás, sólo se necesita deseo, apertura mental, respaldo de nuestra imaginación y creatividad para añadir un poco de riesgo, juego, aventura y mantener la pasión sexual encendida por siempre. Tímidos y estructurados por igual… ¡a animarse! Para la monogamia hot, también es importante que te cuides, que te muestres sexy. Que no te dejes estar. Si cuando tu pareja sale de la casa te deja en pijama y cuando vuelve sigues en pijama, ¡¡¡no puedes pretender que a su regreso te salte encima!!! Lo mismo con tu pareja. No pretendas sentirte atraída y con ganas si lo que ves es dejadez incluso en su aspecto físico. Ambos necesitan cuidarse y sentirse sexy. Ojo, que esto no tiene que ver necesariamente con el peso, sino con el cuidado en general. A través del cuidado de tu cuerpo y de tu imagen haces sentir al otro importante, querido y deseado. Tienes que crear expectativa, trabajar en la relación de pareja para que la monogamia pueda ser *hot*. Debe haber un compromiso y un entusiasmo de renovación compartidos.

También debes buscar momentos para tu pareja. Salir de tus responsabilidades y conectarte con tu pareja desde otro lugar. Salir de la cotidianidad.

Recuerda que a esta persona ya no debes entrenarla y, por lo tanto, el sexo con él o ella se puede potenciar. El nivel de intimidad y comodidad es sólido y, consecuentemente, se da la oportunidad de hacer muchas cosas que sólo conviene hacer cuando existe toda esa comodidad de por medio. Son precisamente estas relaciones monógamas hot las que pueden llegar a otros niveles de sexualidad, impulsadas por el vínculo, la confianza, la práctica, la entrega y la creatividad.

MATERNIDAD SEXY

Ésta es una etapa muy interesante. Recuerda esa canción que me encanta, *Bitch*, lema oficial de todas las *Diosas Eróticas*. Contiene un mensaje para recordarlo, analizarlo e interiorizarlo especialmente cuando ingresamos o estamos ya viviendo la maternidad.

Si bien ser madre es una de las cosas más importantes que pueden sucedernos como mujeres, no tenemos que olvidarnos justamente de eso: somos siempre y primero, además de madres, mujeres. Ser madre nos redefine como mujeres, añade nuevas dimensiones a nuestra feminidad. Estar a cargo del bienestar y la supervivencia de un ser humano es una responsabilidad enorme. Pero no por ser tan grande anula quiénes somos cada una de nosotras. Quiénes somos incluye nuestro ser sexual.

Para muchas mujeres a menudo existe una fuerte no capacidad de integrar la maternidad con lo erótico, tanto social como personalmente. Socialmente, para dar un ejemplo, cuando la actriz norteamericana Demi Moore posó en la portada de *Vanity Fair* desnuda, deslumbrante con su panza de casi nueve meses, el revuelo se hizo sentir mundialmente. Esa tapa de revista, donde Demi se mostraba súper sexy y embarazada a la vez, fue un verdadero escándalo. Muchas personas pensaron que se estaba insultando a la pureza maternal. ¡Y no es algo que tendría que verse así! Estoy convencida de que las mamás pueden ser y lucir súper sexy, y que el erotismo femenino y la maternidad pueden coexistir hermosamente en paz. De hecho, una cosa te lleva a la otra… ¡es del erotismo que surge la maternidad! Es casi como si pensáramos que la maternidad es un estado suspendido de pureza, mientras que el erotismo es lo completamente opuesto. La parte maternal parece ser blanca y la parte erótica es negra. Y esto no es así. No hay tal contraste. Son tonos de gris que se embellecen entre sí.

El llamado de este apartado es a la integración de estas dos facetas. A la integración de roles. A mi idea generalizada que quiero plasmar en este libro de que integremos la sexualidad como una faceta y una parte válida de quiénes somos y cómo nos definimos como mujeres. No somos solamente la hija, ni la amante, ni la buena, ni la mala; somos todo juntito, reales, integradas. Debemos vivir nuestra maternidad sin obviar todo lo demás. Si solamente nos definimos como madres estamos perdiendo algo de nuestra propia esencia. Teniendo esto en mente, ¿cómo logramos que estas dos facetas coexistan?

Sabemos que cuando tenemos niños los tiempos no son los mismos, la vida cotidiana es más complicada, el nivel de cansancio cambia drásticamente; a ello se le suman las responsabilidades laborales; todo esto deja menos tiempo para la pareja. ¿Cómo lo resolvemos? Me parece que lo más importante que hay que hacer es organizarnos. Aunque de entrada parezca poco sexy, ¡es fundamental! Creo mucho en la organización y en la espontaneidad planificada. Esto quiere decir que sacaste un tiempito para estar con tu pareja, contratar a un/a niñero/a, o pedirle a tu madre, padre, hermano, amigas o quien fuera, que te cuiden a tus niños un ratito. Así te desapareces con tu marido por tres horas, sin interrupciones. ¿Qué pasa con ese espacio? ¡Completamente espontáneo! La idea de la espontaneidad planificada no quiere decir que se planifique la actividad sexual. Sólo se planifican los tiempos. El resto es absolutamente novedoso y espontáneo. Incluso, tal vez ni siquiera opten por utilizar el tiempito a solas para tener sexo. De repente prefieren ir al cine, cenar juntos y disfrutar de una conversación adulta, compartir el uno del otro… el tiempo se utiliza según el interés y la preferencia de cada pareja. Lo importante es que ese tiempo compartido en pareja, eróticamente o no, sirve en pro de la relación. Mínimamente, se trabaja la seducción emocional, que en futuras instancias facilitará la seducción erótica.

Utiliza todas las herramientas que tengas a tu alcance para hacerte más fácil la vida. Por ejemplo, no te mates pensando que tienes que ser la mujer perfecta. Esa mujer perfecta que todos los días hace todo por sus hijos, mantiene una casa perfecta, cocina cenas únicas y espectaculares todas las noches, etc. La verdad es que quien lo hace todo, no lo hace todo. ¿Quieres sacar tiempo para tu pareja? Debes aprender a delegar algunas cosas. Ordena la cena vía delivery de un restaurante, exígele a tu pareja que te ayude con los quehaceres del hogar, utiliza los recursos de suegros, amistades, o incluso otras amigas que tengan hijos que te puedan ayudar con el babysitting. Por ejemplo, los martes te quedas con los nenes de tu amiga para que ella tenga oportunidad de compartir con su pareja, y los jueves ella se queda con los tuyos para que así tú tengas tu momento con la tuya. Es una manera creativa y cool para encontrar tus tiempitos. Para los chicos, incluso, resulta súper divertido porque tienen la oportunidad de jugar con sus amigos.

La meta, como te dije antes, no es ser perfecta sino aspirar a mejorar. Siempre podemos mejorar.

Si recién te conviertes en madre, es bien importante que seas realista y te des el tiempo necesario para recuperarte. Para muchas mujeres la maternidad es una experiencia muy fuerte, un shock total al estilo de vida que conocían hasta el momento. No debes exigirte de golpe volver a ser la bomba sexual que eras hasta antes de ayer. Sí existe un lugar para darle prioridad a tu maternidad. Esto es particularmente cierto cuando se trata de una primera experiencia, algo completamente distinto a lo que has vivido toda la vida, que abarca tanto y genera sentimientos absolutamente novedosos. El hombre también tiene que vivir su experiencia de paternidad. Merece tener su protagonismo. Y ambos van a considerar durante un tiempo sus roles de madre y padre como lo más importante. Hoy los hombres tienen roles muy activos en cuanto a la paternidad y también sufren el cansancio. Si los roles como padres son en ambos activos y equitativos, ninguno de los dos se sentirá relegado a un segundo plano. Reitero que está perfecto vivir esta etapa al máximo y disfrutarla cabalmente. La cosa es sólo que no te quedes ahí, estancada en una sola de tus facetas, por el resto de tu vida.

Lo mejor es que se respete este momento, y en cuanto se normalice un poco el tema de los tiempos del bebé volver a ocuparse de a poco de nosotras mismas y, por supuesto, de la pareja. Recuerda que cuando te enamoraste de tu pareja, eso era lo más importante en tu vida. Luego, poco a poco tu rol de pareja lo fuiste incorporando a tu "yo" total. Con la maternidad, y con todos los otros acontecimientos importantes que te marcan en tu vida, debes hacer lo mismo. Lo normalizas, lo incorporas —con más o menos esfuerzo— y sigues adelante con los demás aspectos de tu vida. Si estás a full con un proyecto laboral sucede lo mismo, puede que no tengas ni tiempo para hacer otra cosa durante un tiempito; y luego eso cede e incluso lo incorporas. La vida es un continuo movimiento y equilibrio. Y todas tus facetas se suman para que seas la extraordinaria Diosa que eres.

Adultez candente

El sexo no termina con la menopausia. Con la llegada de la menopausia en la mujer y con la llegada de la adultez masculina el sexo cambia, se transforma.

Algunas mujeres viven ciertos cambios físicos de una manera muy dramática. De repente pueden sentir muchísimas molestias con los sofocones, la disminución de producción hormonal en el cuerpo y la resequedad vaginal, que afecta directamente el placer y la comodidad física en el sexo coital. Sin duda alguna, existe un bajón en la libido que tiene que ver con el tema de las hormonas. También ligada al tema hormonal está la problemática de la fatiga. La piel, además, generalmente está más reseca y sensible. Son todas cosas a tener en cuenta porque cuando alguien no se siente físicamente bien entonces es más difícil encontrar la energía y el ímpetu para manejarse eróticamente.

Afortunadamente, todos estos temas son manejables. El problema principal es la expectativa angustiante que tienen tantas mujeres de que cuando lleguen a determinada edad, ya no tendrán qué sentir ni desear. Socialmente existe una expectativa generalizada de que desaparece el deseo y que los años de actividad sexual llegan a su fin. Esto es particularmente cierto en mujeres de generaciones anteriores, ¡pero no tiene por qué ser así! De hecho, las nuevas generaciones poco a poco están reclamando su derecho a continuar expresándose eróticamente y disfrutar de su sexualidad. La mujer envejece, el sexo cambia, se transforma, tiene otras prioridades y se maneja habitualmente con otro ritmo, pero no desaparece. Seguimos siendo seres sexuales hasta el último día.

La actitud es fundamental para que la adultez pueda ser realmente candente. Hay que enmarcar la sexualidad desde otra perspectiva. Una de las grandes ventajas que trae el sexo en edades más avanzadas es que tiene la posibilidad de ser más libre. ¡Sí! Te doy un ejemplo. Una mujer que lleva toda la vida preocupándose por no quedar embarazada en una relación sexual monógama puede directamente olvidarse del asunto; al haber pasado por la menopausia, un embarazo no deseado deja de ser motivo de preocupación. Además, todas las restricciones de lugar y espacio que durante tantos años existieron en el hogar con niños desaparecen porque los hijos ya están grandes y se han ido de la casa. ¡Entonces tener relaciones sexuales un jueves a las tres   de la tarde de repente es una alternativa real! Se generan muchas nuevas opciones con el cambio en el estilo de vida que habitualmente trae la adultez.

En la adultez candente de hoy se vive mucho también de soltería sexy. Muchas personas llegan a esta etapa divorciadas o, en algunos casos, viudas, y se encuentran nuevamente con el resurgimiento del sexo desde otra perspectiva, volviendo a familiarizarse con el uso de condones y protección. En este sentido, no hay que relajarse, porque la verdad actual es que en los grupos de personas mayores se están dando muchos más contagios de enfermedades de transmisión sexual que antes. Las personas mayores están teniendo más sexo casual y, consecuentemente, se están contagiando más. Por lo tanto, lo importante es revisar bien en qué lugar está cada cual y atender los temas necesarios de acuerdo con su realidad de vida. En síntesis: sólo protegidos podemos pasarla bien en la cama.

Afortunadamente, hay un área donde sí está bueno relajarse y que naturalmente sucede así en la adultez candente… y es que con relación al sexo los ritmos cambian. Ya no es tan rápida la cosa y por lo tanto te permite disfrutar más del camino y de las caricias. Con toda la experiencia que como Diosa Erótica has logrado obtener a lo largo de tu vida, se vuelve un poco en la adultez a esa etapa inicial en la que se enfoca más en los sentidos, en las caricias. En el camino y no tanto en la meta orgásmica. En el hombre esto se potencia tal vez como consecuencia de las erecciones, que no se dan como cuando eran más jóvenes, y en las mujeres porque ahora están con los problemas físicos propios de la menopausia. Tardamos más en lubricar y tardamos más tiempo en llegar al orgasmo. Nuestro proceso sí o sí debe ser más prolongado, más lento, más paso a paso. Es la manera ideal de llevar la relación sexual. Los cambios en el cuerpo y en la energía te obligan de cierta manera a encarar el sexo desde una perspectiva casi más artística. Dedicándole tiempo, acariciarse, mirarse, respirarse… convertir el acto sexual en un arte erótico.

Desde ya que la adultez candente en la mujer no tiene que ver con la edad sino con la importancia que cada una en particular quiera darle y le dé en su vida. Como decía, la actitud es fundamental. A veces se refuerzan ideas absurdas que se han venido escuchando durante décadas. Que si a determinada edad debes olvidarte del sexo, que ya es hora de colgar los guantes, que se cierra un capítulo en la vida… esto simplemente no tiene por qué ser así. El "yo estoy vieja para eso" ya no va. Tienes permiso para sacarte esas ideas de la cabeza inmediatamente. En general la actitud de la mujer frente a la sexualidad va a ser la misma que frente a otras facetas en su vida. Si la mujer es activa en su vida, lo será también en la sexualidad.

En la adultez candente debes volver a incluir la sexualidad también como parte de tu "yo" completo. No descartes el sexo; sería injusto porque sigue siendo parte importante de tu vida.

Estamos en constante evolución.

Ésta es una nueva fase para volver a tocar base y ver qué cosas ricas puedes desencadenar. Siempre hay cosas nuevas por descubrir. Si la curiosidad y el deseo de descubrir sigue en pie, sin duda alguna la adultez será bien candente. ¡Tienes que permitírtelo! Una mujer adulta sigue siendo sexy, incluso mucho más que en otras etapas porque sabes bien quién eres y qué quieres.

Y por si aún necesitas el recordatorio, te canto la canción *Bitch*, aquí en su versión en español:

Odio el mundo hoy
Eres tan bueno conmigo, lo sé
Pero no puedo cambiar
Intenté decírtelo pero me miras
como si tal vez detrás de
todo fuera un angelito
Inocente y dulce
Ayer lloré
Debes haberte aliviado al ver mi lado más vulnerable
Puedo entender tu confusión
No te envidio
Soy un poquito de todo mezclado en una sola

Soy perra
Soy amante
Soy niña
Soy madre

Soy pecadora
Soy santa
No me avergüenzo
Soy tu infierno
Soy tu sueño
No soy nada entre medio
Sabes que no lo querrías de ninguna otra manera

Así que tómame tal y como soy
Esto puede significar que tendrás que ser
un hombre más fuerte
Quédate tranquilo que cuando te ponga nervioso
y me vaya a los extremos
Mañana cambiaré
Y hoy no significará nada

Soy perra
Soy amante
Soy niña
Soy madre
Soy pecadora
Soy santa
No me avergüenzo
Soy tu infierno
Soy tu sueño
No soy nada entre medio
Sabes que tú no lo querrías de otra manera

Justo cuando pienses que me tienes descifrada
La estación ya estará cambiando
Me parece chévere que hagas lo que haces
Y que no trates de salvarme

Soy perra
Soy amante
Soy niña
Soy madre
Soy pecadora
Soy santa
No me avergüenzo
Soy tu infierno
Soy tu sueño
No soy nada entre medio
Sabes que no lo querrías de ninguna otra manera
Soy perra
Soy provocadora
Soy una diosa sobre mis rodillas
Cuando te lastimes, cuando sufras
Soy tu ángel encubierto
He estado entumecida
He revivido
No puedes decir que no estoy viva
Sabes que yo no lo querría de otra manera

¡¡¡Gracias!!!

A mi esposo John, por tu presencia, tu aguante, tu amor y tu apoyo… y, por supuesto, por tu comic relief que me hace morir de risa. I love you.

A mi mamá Ginnette y mi papá José por darme la línea… y permitirme siempre ser YO. Thanks, you guys!!!

A mi hermana Carla, mi primera maestra… te quiero y admiro forever.

A mi hermano José… ¡te quierooooooooooooo!

A mis sobrinas Valeria Cristina, Daniela Isabel, Camila Beatriz e Isabella Mia, amores de mi vida, Diosas Eróticas del mañana…

A mi sobrino José Antonio, an absolute ray of sunshine… TQM.

A Lucas… ¡qué bueno saber que estás!

A mis chicas del alma: Bruni, Marieli, Dorcas, Marisa, Brigitte, Patri, Mischa, Jessica, Belinda, María del Carmen, Lymarie, Mariely, Kathia, Analía, Mary, Carla, Lau, Ceci, Mima y Marie Lucy. Me honran con su amistad y confianza. ¡Las quiero tanto!

A mi editora querida, Florencia, ¡¡¡GRACIAS por tu apoyo y entusiasmo!!!

Índice

PLACERES SEXUALES

Juegos y ayuditas

En cualquier etapa

La Diosa Erótica
de Alessandra Rampolla
se terminó de imprimir en **Febrero** 2009 en
Comercializadora y Maquiladora Tucef, S.A. de C.V.
Venado N° 104, Col. Los Olivos
C.P. 13210, México, D. F.